Klasse!

A1

Deutsch für Jugendliche
Übungsbuch mit Audios

Sarah Fleer

Ute Koithan

Bettina Schwieger

Tanja Sieber

Alles Digitale zu diesem Buch kann auf der Lernplattform allango von Ernst Klett Sprachen abgerufen werden. So geht's:

QR-Code scannen oder **www.allango.net** aufrufen

Buchtitel oder ISBN in der Suche eingeben und auf das Buchcover klicken

Zum Inhalt navigieren, direkt abrufen oder speichern

Ernst Klett Sprachen
Stuttgart

Autoren: Sarah Fleer, Ute Koithan, Bettina Schwieger, Tanja Sieber
Redaktion: Felice Lembeck
Projektleitung: Angela Kilimann
Herstellung: Carolyn Merkel
Layoutkonzeption und Gestaltung: Andrea Pfeifer, München
Illustrationen: Andrea Naumann, Aachen
Satz: Thorsten Rösch-Allgeier, Graph & Glyphe, Offenburg
Umschlaggestaltung: Studio Schübel, München und
    Ulrike Steffen, Karlsruhe
Titelbild und Auftragsfotos: Dieter Mayr, München

Online-Übungen
Autorin: Maja Rettig
Redaktion: Felice Lembeck und Annerose Remus

Audios
Aufnahme und Postproduktion: Plan 1
Regie: Plan 1, Felice Lembeck und Angela Kilimann

Informationen und zu diesem Titel passende Produkte finden Sie auf www.klett-sprachen.de/klasse

1. Auflage   1   10   9   8 | 2026 25 24

© Ernst Klett Sprachen GmbH, Rotebühlstraße 77, 70178 Stuttgart, 2018

Druck und Bindung: Gebr. Geiselberger GmbH, Altötting

ISBN 978-3-12-607120-8

MIX
Papier | Fördert
gute Waldnutzung
FSC® C105048

Willkommen im Übungsbuch zu Klasse!

Inhalt

Dein Übungsbuch   4

1 Hallo! Servus! Salü!   6

2 Das bin ich!   15

3 Meine Schule   25

1 Testtraining: Lesen, Sprechen   35

4 24 Stunden sind (m)ein Tag!   37

5 Guten Appetit!   47

6 Meine Familie   57

2 Testtraining: Hören, Schreiben   67

7 Hast du etwas Zeit für mich?   69

8 Bist du fit?   79

9 Zu Hause in der Stadt   89

3 Testtraining: Hören, Sprechen, Lesen   99

10 Wie gefällt dir das?   105

11 Schule aus – und dann?   115

12 Ab in die Ferien!   125

4 Testtraining: Modelltest   135

Quellenverzeichnis   142

Symbole im Übungsbuch

 Du hörst ein Audio.

 Du hörst ein Audio und übst die Aussprache.

 Du schreibst einen Text.

 Du arbeitest mit einem Partner / einer Partnerin.

 Ihr arbeitet zu dritt.

 Du findest online interaktive Übungen.

Dein Übungsbuch

Liebe Schülerin, lieber Schüler,

du lernst jetzt Deutsch mit Klasse!

Das Kursbuch (KB) benutzt du immer in der Klasse, das Übungsbuch (ÜB) meistens zu Hause. Zu jeder Aufgabe im Kursbuch passt eine Übung im Übungsbuch. Zu Aufgabe 2 im Kursbuch passt also z. B. Übung 2 im Übungsbuch.

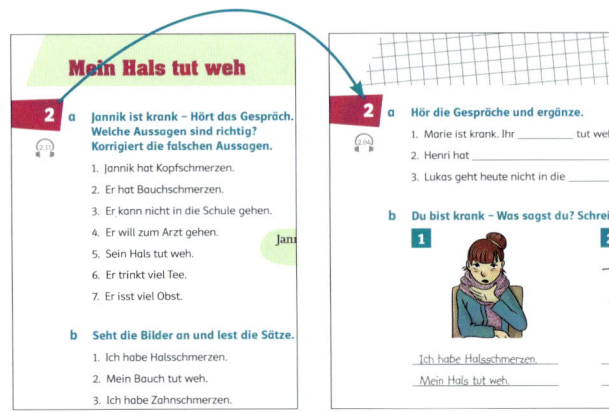

Zu zweit oder zu dritt arbeiten

Im Übungsbuch gibt es auch einige Übungen, die du mit einem oder zwei Partnern bearbeiten sollst, am besten in der Klasse. Du erkennst sie an diesen Symbolen:

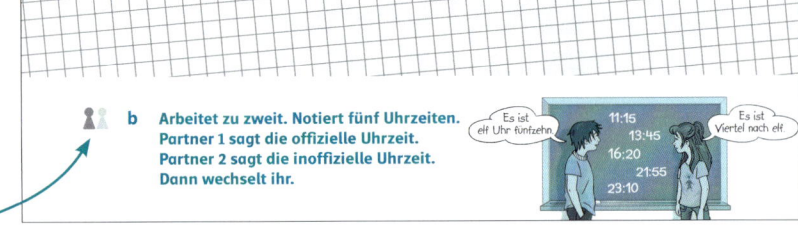

ODER-Übungen

Bei einigen Übungen kannst du dich für eine Variante entscheiden: Willst du die Übung mit oder ohne Hilfe machen? Willst du lieber einen Text schreiben oder mit deinem Partner / deiner Partnerin sprechen? Du erkennst die Übungen an diesem Symbol: ◀oder▶

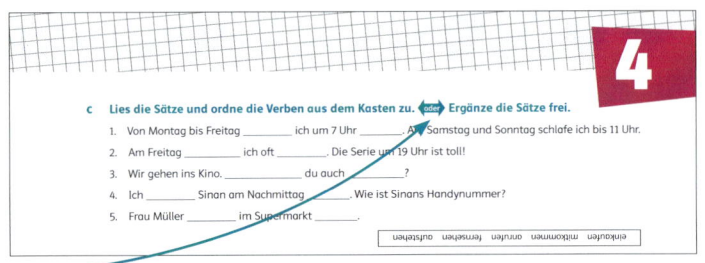

Online-Übungen

Willst du noch mehr üben? Online findest du zu jedem Kapitel fünf zusätzliche interaktive Übungen.

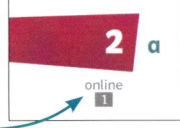

Lernen – üben – spielen

Die letzte Übung in jedem Kapitel ist eine spielerische Übung, z. B. ein Quiz, ein Partnerdiktat oder ein Spiel.

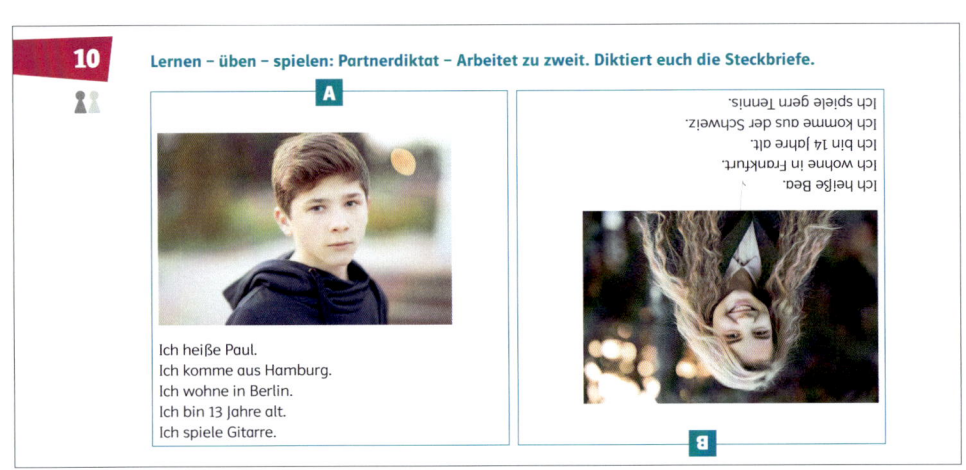

Wichtige Wörter

Nach den Übungen gibt es eine Doppelseite mit neuen Wörtern. Dort kannst du notieren, wie die Wörter in deiner Sprache heißen. Die **fett** gedruckten Wörter sind wichtig für die Prüfung.

„Was kann ich?" und „So lerne und übe ich"

Am Ende von jedem Kapitel kannst du ohne Lehrer kontrollieren, was du gut kannst oder noch nicht so gut kannst ☺ ☺ ☹. Der Pfeil → verweist auf passende Aufgaben und Übungen im Kursbuch und Übungsbuch. Mit den Aufgaben und Übungen kannst du das Thema noch einmal wiederholen.

Außerdem kannst du überprüfen, ob du beim Lernen Strategien benutzt. Am besten sprichst du darüber mit anderen Schülerinnen und Schülern oder auch mit deiner Lehrerin oder deinem Lehrer.

Das Testtraining

Im Übungsbuch gibt es viermal ein richtiges Testtraining. In den Trainings 1, 2 und 3 lernst du alle Teile der Prüfung *Goethe-Zertifikat A1: Fit in Deutsch 1* kennen. Es gibt Übungen zur Vorbereitung und Prüfungsaufgaben wie in der offiziellen Prüfung. Im Testtraining 4 gibt es einen kompletten Modelltest mit allen Prüfungsaufgaben.

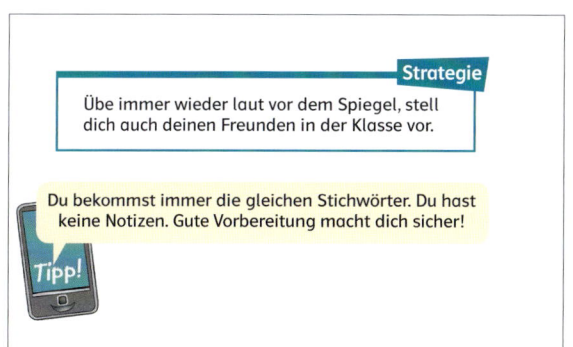

Du bekommst auch Hinweise, wie die Prüfungsaufgaben genau funktionieren. Außerdem gibt es Strategien, wie du dich vorbereiten kannst oder wie du die Aufgaben am besten löst.

1 Hallo! Servus! Salü!

1 a Wie heißen die Länder? Notiere.

1. _____
   _____
   _____

2. _____
   _____
   _____

3. _____
   _____
   _____

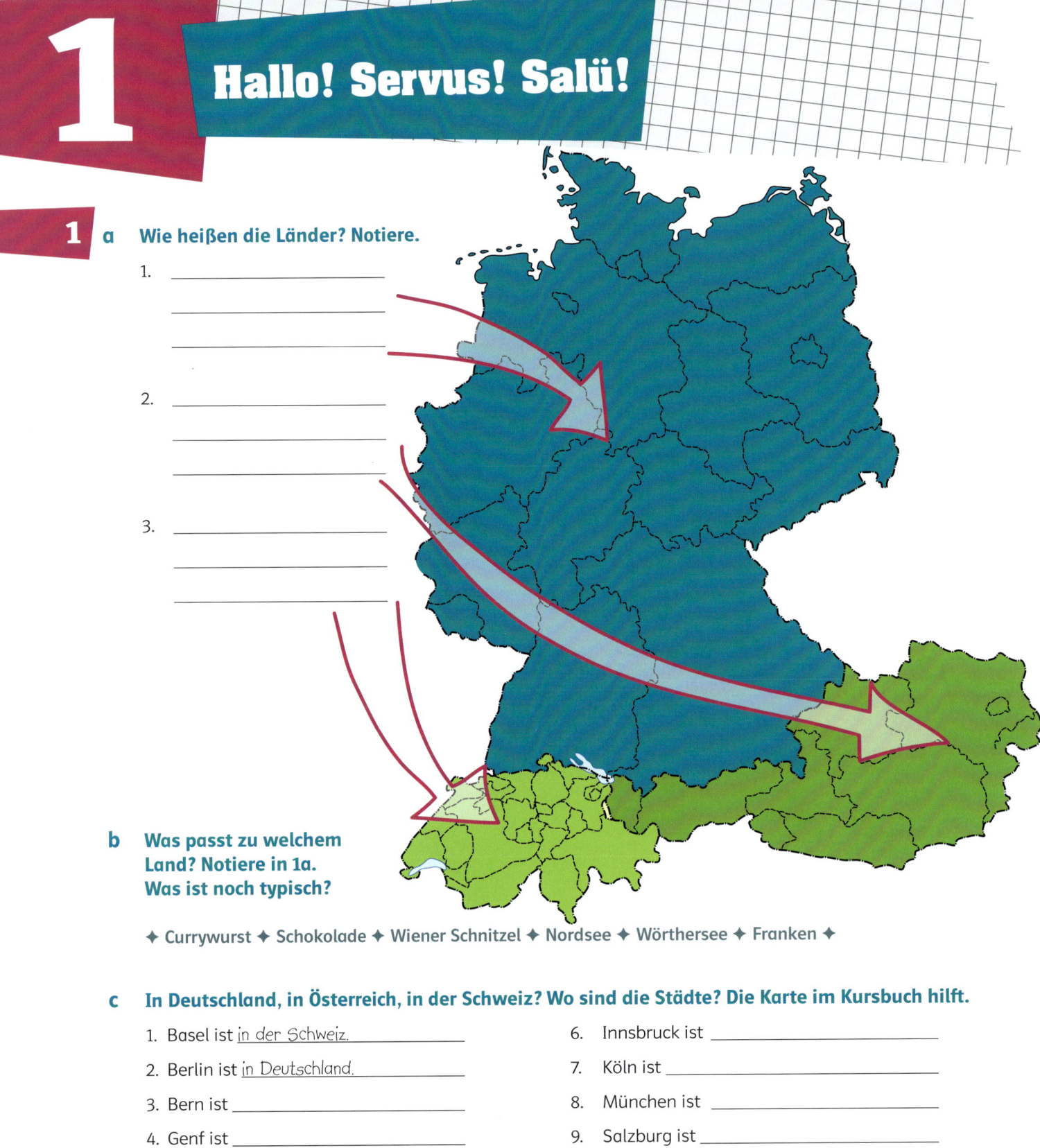

b Was passt zu welchem Land? Notiere in 1a. Was ist noch typisch?

✦ Currywurst ✦ Schokolade ✦ Wiener Schnitzel ✦ Nordsee ✦ Wörthersee ✦ Franken ✦

c In Deutschland, in Österreich, in der Schweiz? Wo sind die Städte? Die Karte im Kursbuch hilft.

1. Basel ist <u>in der Schweiz.</u>
2. Berlin ist <u>in Deutschland.</u>
3. Bern ist _____
4. Genf ist _____
5. Hamburg ist _____

6. Innsbruck ist _____
7. Köln ist _____
8. München ist _____
9. Salzburg ist _____
10. Wien ist _____

d Sucht zu zweit Städte auf der Karte im Kursbuch und sprecht wie im Beispiel.

Wo ist Weimar?   In Deutschland.

e   Wer ist das? Was ist das? Ergänze.

✦ das Matterhorn ✦ Biathletin ✦ Basketball ✦ ~~Fußballspieler~~ ✦
✦ die Nordsee ✦ Schauspieler ✦ Apfelstrudel ✦ Sängerin ✦

Wer ist das?	**Was ist das?**

1. Das ist David Alaba,

   _Fußballspieler_____.

5. Das ist _____

   _____.

2. Das ist Joel Basman,

   _____.

6. Das ist _____

   _____.

3. Das ist Laura Dahlmeier,

   _____.

7. Das ist _____

   _____.

4. Das ist Yvonne Catterfeld,

   _____.

8. Das ist _____

   _____.

2   Notiere die Wörter. Wie heißt das Lösungswort?

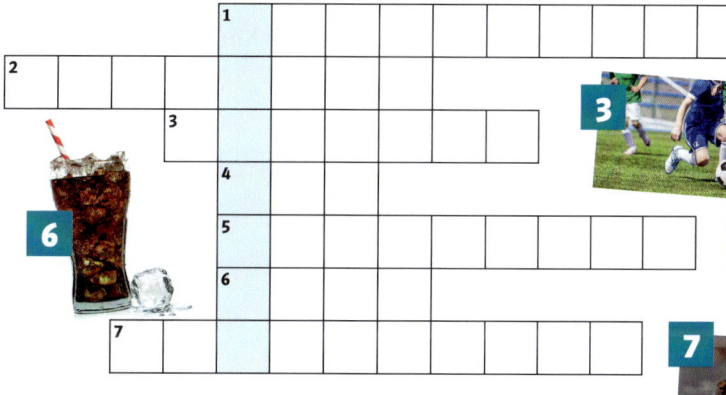

Lösung: Wir lernen __ __ __ __ __ __ __

3

a Was sagt man? Ordne zu.

✦ Guten Tag. ✦ Guten Morgen. ✦ Guten Abend. ✦

1. _____ 2. _____ 3. _____

b Was passt wo? Verbinde.

Hi!

Hallo!

Tschüs!

Servus!

Ciao!

Bis Morgen!

Salü!

online
1

c Was sagen die Personen? Ordne zu.

✦ Guten Morgen, Herr Kuhn. ✦ Hi, Marie! ✦ Auf Wiedersehen, Frau Neeland! ✦
✦ Hallo Henri! ✦ Guten Morgen, Frau Schulz. ✦ Tschüs, Henri. ✦

4

a Hör den Dialog und ergänze. ◀oder▶ Ergänze. Hör zur Kontrolle.

1.02
online
2

✦ später ✦ H̶i̶ ✦ wie ✦ gut ✦ Ciao ✦ Passt ✦ Hallo ✦

● _Hi_ Marco.

○ _____ Lisa, _____ geht's?

● Sehr _____. Und dir?

○ _____. Bis _____!

● _____.

b   Schreibt einen eigenen Dialog und spielt zu zweit.

5   **a**   **Welche Antwort passt? Kreuze an.**

1. Schweizer Schokolade? Hier, bitte.

☐ a Oh, danke.

☐ b Geht so.

2. Wer ist das?

☐ a Ich heiße Lina.

☐ b Das ist Lina.

3. Wie heißt du?

☐ a Das ist Max.

☐ b Ich heiße Max.

4. Wie geht's?

☐ a Bis morgen!

☐ b Passt.

b   **Schreib den Dialog. Vergleicht und spielt zu zweit.**

online
3

● heißt – wie – Hallo, – du?   _____

○ du? – Levin. – Ich – heiße – Und   _____

● Paul. – bin – Ich – Und – das? – ist – wer   _____

○ Frau Schulz. – Das – ist   _____

c   **Wie viele Sätze findest du? Schreib Fragen und Sätze.**

| ✦ Ich ✦ Wer ✦ | ✦ heiße ✦ bin ✦ | ✦ das ✦ Sarah ✦ Bernie ✦ |
| ✦ Wie ✦ Was ✦ Das ✦ | ✦ heißt ✦ ist ✦ | ✦ Fatih ✦ du ✦ Apfelstrudel ✦ |

Was ist das? _____

Wie ... _____

_____

6   **a**   **Sag mal . . . Das Alphabet – Was hörst du? Markiere.**

1. A / <mark>H</mark>   3. B / W   5. I / J   7. E / G   9. C / Z

2. F / V   4. J / Y   6. A / Ä   8. K / H   10. V / W

b   **Wie heißen die Schüler? Hör und notiere.**

1. __ __ __ __ __   3. __ __ __ __ __   5. __ __ __ __ __

2. __ __ __ __ __ __   4. __ __ __ __ __   6. __ __ __ __ __ __ __

c   **Hör und vergleiche. Sprich nach.**

7

Suche Zahlen auf Deutsch. Welche Zahl passt wo? Ordne zu.

✦ douze ✦ one ✦ zehn ✦ nine ✦ sieben ✦ deux ✦ three ✦ quatre ✦ tres ✦ ~~eins~~ ✦
✦ sept ✦ drei ✦ seis ✦ two ✦ vier ✦ doce ✦ sechs ✦ twelve ✦ zwei ✦ six ✦ zwölf ✦ trois ✦

A	B	C	D
_____	_eins_ _____	_____	_____

E	F	G	H
_____	_____	_____	_____

8

(1.06)

Welche Zahlen hörst du? Notiere und verbinde.

vierzehn   acht   drei   zwei   zwölf   elf   sechs   fünfzehn

A _8_   B ____   C ____   D ____   E ____   F ____   G ____   H ____

9 **a** **Arbeitet zu zweit. Ordnet den Dialog.**

online 4

- [ ] ● Ich bin 12.
- [ ] ● 0 1 7 9 – 5 5 8 2 9 1 0. Und deine Nummer?
- [1] ● Wie alt bist du, Karim?
- [ ] ● Danke. Bis später.
- [ ] ○ 0 1 6 6 – 9 1 8 2 7 3 6 4.
- [ ] ○ Ich bin 13 Jahre alt. Und du, Ines?
- [ ] ○ Und wie ist deine Nummer?
- [ ] ○ Tschüs.

(1.07) **b** **Hört zur Kontrolle. Alles richtig in 9a? Spielt dann den Dialog.**

(1.08) **c** **Hör und notiere die Nummern.**

A _____   B _____   C _____

10 **a** **Finde neun Ausdrücke und markiere.**

ORDNETZU|HÖRTSCHREIBTVERBINDETSORTIERTERGÄNZTLESTFRAGTSPRECHTKREUZTAN

b **Ordne die Ausdrücke aus a zu und notiere.**

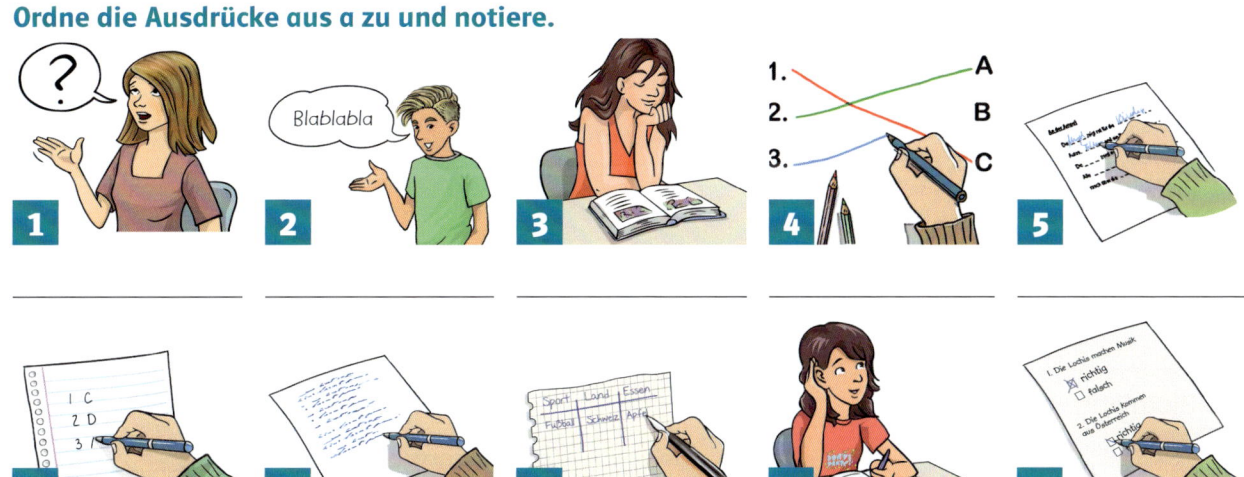

_____ _____ _____ _____ _____

Ordnet zu. _____ _____ _____ _____

online
5 **c** **Wer sagt das? Ordne zu.**

✦ Ich habe eine Frage. ✦ Wie schreibt man das? ✦ Versteht ihr das? ✦ Das heißt Buch. ✦

11 **Lernen – üben – spielen. Finde die Buchstaben. Schreib den Dialog.**

● H3ll5 L1k3s! _____

○ H4 H2nr4! W42 g2ht's? _____

● S1p2r! 1nd d4r? _____

○ 31ch s2hr g1t. _____

> 1 = _____, 2 = _____, 3 = _____, 4 = _____, 5 = _____

Wichtige Wörter

Seite 8

hallo _____

sein (er/es/sie ist) (Das
    ist …) _____

und _____

Was? _____

Wer? _____

der Apfelstrudel, - _____

die Currywurst,
    Currywürste _____

das Wiener Schnitzel, - _____

die **Schokolade**, -n _____

der Basketballspieler, - _____

die Biathletin, -nen _____

der Fußballspieler, - _____

die **Sängerin**, -nen _____

der **Schauspieler**, - _____

in (in Österreich) _____

Deutschland _____

Österreich _____

die **Schweiz** _____

der Schweizer
    Franken, - _____

das **Bild**, -er _____

das **Foto**, -s _____

der **Satz**, Sätze _____

Seite 9

die Alpen (Pl.) _____

das **Auto**, -s _____

das **Geld** _____

das **Land**, Länder _____

die **Musik** _____

die **Natur** _____

der **Sport** _____

Basketball _____

Biathlon _____

Fußball _____

Skifahren _____

das **Essen**, - _____

das Trinken _____

die **Cola** _____

der **Kaffee** _____

der **Tee** _____

schon _____

die Tabelle, -n _____

verstehen _____

das **Wort**, Wörter _____

andere, anderer _____

kennen _____

noch _____

Seite 10

begrüßen _____

Guten Abend. _____

Guten Morgen. _____

Guten Tag. _____

hi _____

verabschieden _____

Auf Wiedersehen. _____

bis morgen _____

bis später _____

ciao _____

tschüs _____

da sein (Ist Lukas da?) _____

Frau _____

Herr _____

Wie? _____

Wie geht's? _____

danke _____

Geht so. _____

gut _____

Passt. _____

sehr (Sehr gut.) _____

auch _____

dann _____

die **Klasse**, -n _____

oder (Hallo oder
    tschüs?) _____

der **Partner**, - _____

die **Partnerin**, -nen _____

zu zweit _____

Seite 11

vorstellen _____

heißen _____

der **Familienname**, -n _____

der **Name**, -n *(Mein Name ist …)* _____

der **Vorname**, -n _____

bitte *(Hier, bitte.)* _____

hey _____

hier _____

ja _____

oder *(Super, oder?)* _____

Stimmt. _____

super _____

total _____

das Alphabet, -e _____

auf|stehen _____

der **Comic**, -s _____

das **Heft**, -e _____

mal *(Sag mal …)* _____

von _____

wieder _____

zu dritt _____

Seite 12

bis *(die Zahlen 1 bis 15)* _____

von … bis … _____

zählen _____

die **Zahl**, -en _____

leise _____

noch einmal _____

alt *(Wie alt bist du?)* _____

das **Jahr**, -e _____

die **Nummer**, -n _____

die **Person**, -en _____

Zahlen bis 15

0 = null	6 = **sechs**	11 = **elf**
1 = **eins**	7 = **sieben**	12 = **zwölf**
2 = **zwei**	8 = **acht**	13 = **dreizehn**
3 = **drei**	9 = **neun**	14 = **vierzehn**
4 = **vier**	10 = **zehn**	15 = **fünfzehn**
5 = **fünf**		

Seite 13

die **Aufgabe**, -n _____

auf Deutsch _____

die **Frage**, -n _____

haben *(er/es/sie hat)* *(Ich habe eine Frage.)* _____

langsam _____

laut _____

mehr _____

nicht _____

passen _____

richtig _____

der **Lehrer**, - _____

der **Schüler**, - _____

der **Unterricht** _____

alle, alles _____

frei *(freie Wahl)* _____

das **Interview**, -s _____

die Handynummer, -n _____

die Telefonnummer, -n _____

kennenlernen _____

Deutsch im Unterricht

arbeiten	**schreiben**
buchstabieren	sortieren
fragen	**spielen**
hören	**sprechen**
lesen *(er/es/sie liest)*	*(er/es/sie spricht)*
nachsprechen *(er/es/sie spricht nach)*	**suchen**
notieren	**verstehen**
sagen	**zeigen**
	zuordnen

Seite 14

die **Antwort**, -en _____

antworten _____

ergänzen _____

international _____

Was kann ich?

1 **Ich kann nach Personen und Sachen fragen.**
→ KB/ÜB A1, A5 ☺ ☺ ☹

● 1. _____ heißt du?　　　　○ Kim.

● 2. Was ist das?　　　　　　　　　　○ _____ die Nordsee.

● 3. _____ ist das?　　　　　○ Bernie.

2 **Ich kann andere begrüßen und verabschieden.**
→ KB/ÜB A3, A4 ☺ ☺ ☹

✦ Morgen ✦ Tschüs ✦ Wie ✦ Sehr gut ✦ Hallo ✦ Danke ✦ Wiedersehen ✦

● 1. _____ Henri.　　　　○ Guten _____, Herr Kuhn. _____ geht es Ihnen?

● 2. _____. Und dir?　　　○ _____, auch gut.

● 3. _____, Henri.　　　　○ Auf _____, Herr Kuhn.

3 **Ich kann mein Alter und meine Telefonnummer nennen.**
→ KB/ÜB A9 ☺ ☺ ☹

Wie alt bist du?　　　Ich …　　　Wie ist deine Nummer?　　　Meine … Und deine?　　　…

So lerne und übe ich

4 **Ich lerne kurze Dialoge auswendig.** ☐ manchmal ☐ oft ☐ nie

● Hallo. Ich heiße Lisa. Und wie heißt du?

○ Ich heiße Marco. Ich bin 12 Jahre alt. Und du?

● Ich bin auch 12.

● Hallo. Ich … Und wie …?

○ Ich … Ich bin … alt. Und …?

● Ich bin …

Hallo. Ich heiße Lisa. Und wie heißt du? …

5 **Ich lerne Wörter in Gruppen.** ☐ manchmal ☐ oft ☐ nie

Personen	Zahlen	Sport	…
der Schauspieler	eins, zwei	Basketball	…

1

Hobbys – Was machen die Leute? Notiere die Ausdrücke.

1. Gitarre spielen_____

2. s_____

3. T_____ s_____

4. j_____

5. M_____ h_____

6. s_____

7. f_____

2 **a** **Was passt zusammen? Verbinde.**

online
1

1. Ich komme   A   Fußball.

2. Ich wohne   B   in die Klasse 7a.

3. Ich gehe   C   in München.

4. Ich spiele gern   D   Sport.

5. Ich mache gern   E   aus Hamburg.

b **Und du? Ergänze die Sätze.**

1. Ich komme _____.

2. Ich wohne _____.

3. Ich gehe _____.

1.09 **c** **Wer sagt das? Hör und notiere den Namen.**

1. Ich komme aus Berlin. ___Karim___

2. Ich wohne in Hamburg. _____

3. Ich gehe ins Lessing-Gymnasium. _____

4. Ich spiele gern Computer. _____

5. Ich mache gern Sport. _____

6. Ich spiele Gitarre. _____

Anna

Karim

3 **a** **Schreib die Sätze in die Tabelle. Achte auf die Verbposition.**

✦ Wie heißt du? ✦ Kommst du aus München? ✦ Ja, ich komme aus München. ✦ Ich heiße Lukas. ✦

W-Frage	Wer	ist	das?
Aussagesatz	Das	ist	Kim.
W-Frage			
Aussagesatz			

Ja-Nein-Frage	Wohnst	du	in Berlin?
Aussagesatz	Ich	wohne	in Hamburg.
Ja-Nein-Frage			
Aussagesatz			

b **Schreib die Fragen richtig.**

1. aus Deutschland – du – kommst – ? ___Kommst du aus Deutschland?___

2. du – wohnst – in München – ? _____

3. joggst – gern – du – ? _____

4. Tennis – du – spielst – ? _____

5. du – schwimmst – gern – ? _____

6. hörst – gern – du – Musik – ? _____

online **2** **c** **Was antwortest du? Schreib die Antworten zu 3b ins Heft.**

 d **Fragt und antwortet zu zweit.**

Kommst du aus Deutschland?

Nein, ich komme aus Spanien.

e   Ergänze die Endungen.

1. ○ Komm_____ du aus Spanien?   ● Nein, ich komm_____ aus Deutschland.
2. ○ Wohn____ du in Hamburg?   ● Nein, ich wohn_____ in München.
3. ○ Mach_____ du gern Sport?   ● Ja, ich mach_____ gern Sport.
4. ○ Spiel_____ du gern Fußball?   ● Ja, ich spiel_____ gern Fußball.
5. ○ Fotografier_____ du gern?   ● Ja, ich fotografier____ gern.
6. ○ Sing_____ du gern?   ● Nein, ich sing____ nicht gern.

f   Was machst du gern? Was machst du nicht gern? Schreib jeweils zwei Sätze.

✦ singen ✦ schwimmen ✦ fotografieren ✦ Sport machen ✦ Musik hören ✦
✦ Computer spielen ✦ joggen ✦ Volleyball spielen ✦ Tennis spielen ✦ Gitarre spielen ✦

☺	☹
_____	_____
_____	_____
_____	_____
_____	_____

4

a   Ordne die Verben in die Tabelle.

✦ joggt ✦ ist ✦ gehst ✦ schwimmst ✦ wohne ✦ schwimme ✦
✦ wohnt ✦ geht ✦ joggst ✦ bin ✦

	wohnen	**gehen**	**schwimmen**	**joggen**	**sein**
ich		gehe		jogge	
du	wohnst				bist
er/es/sie			schwimmt		

online
3

b   Welche Endung ist richtig? Verbinde.

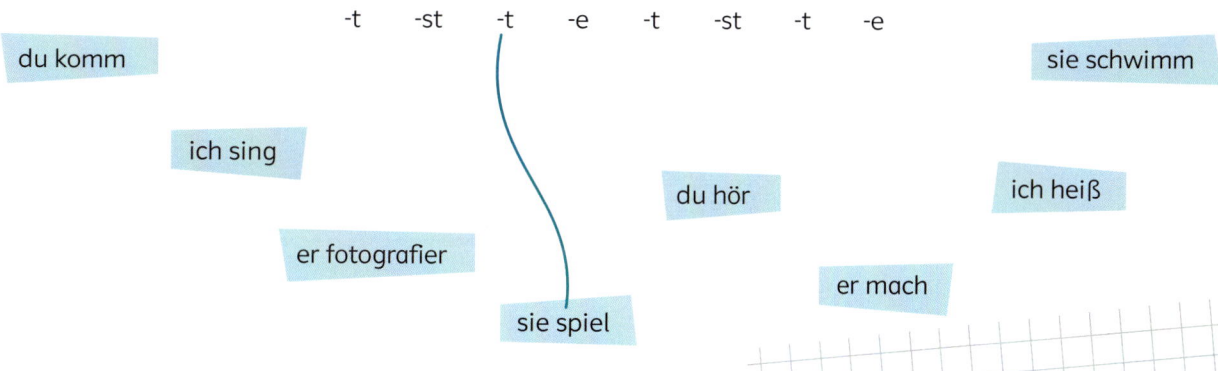

-t   -st   -t   -e   -t   -st   -t   -e

du komm   sie schwimm

ich sing

du hör   ich heiß

er fotografier

er mach

sie spiel

c **Ergänze die Verben aus 4b mit der richtigen Endung.**

1. ● Ich _gehe_____ in die Klasse 7b. Und du? ○ Ich _____ in die Klasse 7d.

2. ● _____ Paula ins Lessing-Gymnasium? ○ Nein, sie _____ ins Schiller-Gymnasium.

3. ● _____ Simon aus Deutschland? ○ Nein, er _____ aus Österreich.

4. ● _____ du in München? ○ Nein, ich _____ in Hamburg.

5. ● _____ Mia gern Sport? ○ Ja, sie _____ Basketball.

6. ● _____ du gern Musik? ○ Ja, und ich _____ Klavier.

7. ● _____ Frederik gern Computer? ○ Ja, er _____ gern Computer.

8. ● _____ du Tennis? ○ Nein, ich _____ Fußball.

d *ich bin, du bist ... – Was ist richtig? Markiere.*

1. Hallo, ich **bin** / **bist** / **ist** Kim.

2. Kim **bin** / **bist** / **ist** 13 Jahre alt.

3. **Bin** / **Bist** / **Ist** du Henri?

4. Wie alt **bin** / **bist** / **ist** du?

5. Henri **bin** / **bist** / **ist** lustig.

6. Das Foto **bin** / **bist** / **ist** toll.

7. Die Musik **bin** / **bist** / **ist** schön.

8. **Bin** / **Bist** / **Ist** die Schokolade gut?

e **Schreib Sätze.**

1. er – heißen – Joscha – .   Er heißt Joscha._____

2. Joscha – sein – 13 Jahre alt – .   _____

3. er – wohnen – in Wien – .   _____

4. Joscha – gehen – in die Klasse 8b – . _____

5. er – spielen – gern Computer – . _____

6. er – hören – gern Musik – .   _____

f **Lies den Text von Lea. Antworte Lea und schreib einen Text über dich.**

Hallo,

ich heiße Lea und bin 13 Jahre alt. Ich wohne in Hamburg und gehe ins Wilhelm-Gymnasium. Mein Hobby ist Musik: Ich singe gern und ich spiele Gitarre. Ich mache auch gern Sport. Ich jogge oft und ich spiele Basketball. Und du?

5 **a** **Lies und notiere die Zahl oder das Wort.**

A 7 *sieben*_____ D 11 _____ G ___ dreiundachtzig

B 16 _____ E ___ einunddreißig H 92 _____

C 75 _____ F 100 _____ I ___ vierhundertvierzig

online
4

b **Welche zwei Zahlen hörst du? Markiere.**

A 11 – 12 – 17 – 16   D 87 – 78 – 92 – 93

B 14 – 41 – 31 – 32   E 44 – 55 – 66 – 77

C 26 – 36 – 43 – 5   F 334 – 343 – 858 – 588

21 = einsundzwanzig

Tipp!

c **Malen mit Zahlen – Hör und verbinde die Zahlen. Was ist das?**

24   12   7

15   32

16   42

3   •   •

14   23   98

8

34   4

19

11   87   47   90

73   72   28   2

74

d **Schnelle Zahlen – Hör die Zahlen und notiere.**

A _____

B _____

C _____

D _____

e **Hör und ergänze die Zahlen.**

A _____ €   D _____ : _____

B Linie _____   E ICE _____

C _____ Uhr   F _____ Liter

6

a Lies noch einmal die Texte im Kursbuch. Lies die Aussagen. Was ist richtig? Was ist falsch? Kreuze an.

		richtig	falsch
1.	Die Lochis machen Musik.	☐	☐
2.	Die Lochis kommen nach Österreich.	☐	☐
3.	Das Konzert ist im Oktober.	☐	☐
4.	Die Teens im Camp sind zehn bis zwölf Jahre alt.	☐	☐
5.	Das Camp ist im Sommer.	☐	☐
6.	Du findest Informationen zum Camp im Internet.	☐	☐

b Vergleicht zu zweit und korrigiert die falschen Aussagen.

c (1.14) Welche Wörter hörst du? Markiere. ◄oder► Markiere die Wörter. Hör dann zur Kontrolle.

band/buscentcomputerfotografierengitarrehobbyjoggenliniemusikschwimmensingensporttennistour

d Sortiere die Nomen und Verben aus 6c in einer Tabelle im Heft. Schreib die Nomen mit Artikel.

Nomen	Verben
die Band	

7

a Länder und Städte – Markiere die Länder im Rätsel und schreib sie zu den Hauptstädten.

Hauptstadt	Land
Madrid	
Bern	
Moskau	
Wien	
Warschau	
Ankara	
Berlin	
Paris	
Athen	
Rom	
London	

	A	B	C	D	E	F	G	H	I	J	K	L
1	F	S	C	H	W	E	I	Z	W	T	I	P
2	R	P	Z	L	G	N	C	F	X	Ü	T	O
3	H	E	H	A	K	W	O	L	Ö	R	A	L
4	A	R	U	S	S	L	A	N	D	K	L	E
5	U	M	E	N	G	L	A	N	D	E	I	N
6	Ö	Ä	K	A	J	S	P	A	N	I	E	N
7	G	R	I	E	C	H	E	N	L	A	N	D
8	X	D	E	U	T	S	C	H	L	A	N	D
9	E	J	F	R	A	N	K	R	E	I	C	H
10	Z	Ö	S	T	E	R	R	E	I	C	H	W

b **Ländernamen. Hör und notiere die Buchstaben. Wie heißt das Land?**

1. <u>Polen</u> _____

2. _____

3. _____

4. _____

5. _____

6. _____

7. _____

8. _____

 c **Hör zur Kontrolle. Wo ist der Akzent? Markiere in 7b.**

8

online
5

Ergänze die Länder und Sprachen.

1. Luca spricht Italienisch. Er kommt aus _____.

2. Jonas wohnt in Wien. Er spricht _____.

3. Pierre kommt aus Frankreich. Er spricht _____.

4. Efgenia spricht Griechisch. Sie kommt aus _____.

5. Lucy wohnt in London. Sie spricht _____.

6. Ömer kommt aus der Türkei. Er spricht _____.

9

 Sag mal . . . Satzmelodie – Welche Melodie ist richtig: a oder b? Kreuze an.

1. Kommst du aus England? [a] [b]

2. Nein, ich komme aus den USA. [a] [b]

3. Sprichst du Spanisch? [a] [b]

4. Nein, ich spreche Russisch. [a] [b]

10

Lernen – üben – spielen: Partnerdiktat – Arbeitet zu zweit. Diktiert euch die Steckbriefe.

A

Ich heiße Paul.
Ich komme aus Hamburg.
Ich wohne in Berlin.
Ich bin 13 Jahre alt.
Ich spiele Gitarre.

Ich heiße Bea.
Ich wohne in Frankfurt.
Ich bin 14 Jahre alt.
Ich komme aus der Schweiz.
Ich spiele gern Tennis.

B

Wichtige Wörter

Seite 15

die Aktivität, -en _____

der **Computer**, - _____
    (Computer spielen) _____

fotografieren _____

die **Gitarre**, -n *(Gitarre spielen)* _____

das **Hobby**, -s _____

joggen _____

der/die **Jugendliche**, -n _____

machen *(Macht eine Tabelle.)* _____

schwimmen _____

singen _____

die **Sprache**, -n _____

Tennis _____

Seite 16

aber *(Ich komme aus Hamburg, aber ich wohne jetzt in München.)* _____

aus _____

die **Band**, -s _____

die **Familie**, -n _____

gehen *(Ich gehe in die Klasse 7b.)* _____

gern, gerne *(Ich jogge gern.)* _____

das **Gymnasium**, Gymnasien _____

jetzt _____

kommen *(Ich komme aus …)* _____

lieben _____

nein _____

oft _____

der **Text**, -e _____

Volleyball _____

wohnen _____

vergleichen _____

an|sehen *(er/es/sie sieht an)* _____

Seite 17

alles _____

bald _____

lustig _____

schön _____

so *(Sie spielt so gut Tennis.)* _____

toll _____

Wo? _____

markieren _____

ich _____

du _____

er _____

es _____

sie _____

chillen _____

das **Klavier**, -e *(Klavier spielen)* _____

Seite 18

Zahlen ab 16

16 = **sechzehn**	50 = **fünfzig**
17 = **siebzehn**	60 = **sechzig**
18 = **achtzehn**	70 = **siebzig**
19 = **neunzehn**	80 = **achtzig**
20 = **zwanzig**	90 = **neunzig**
21 = **einundzwanzig**	100 = **(ein)hundert**
30 = **dreißig**	200 = **zweihundert**
40 = **vierzig**	1000 = **tausend**

fehlen _____

die **Reihe**, -n _____

die **Tafel**, -n _____

funktionieren _____

die **Situation**, -en _____

der **Cent**, -s _____

der **Euro**, -(s) _____

Grad _____

der **Kilometer**, - _____

die **Adresse**, -n _____

das **Alter** *(Sg.)* _____

die **Karte**, -n _____

die **Straße**, -n _____

das **Telefon**, -e _____

Seite 19

beste, bester _____

die **E-Mail**, -s _____

der **Fan**, -s _____

die **Ferien** (Pl.) _____

gewinnen _____

das **Glück** _(Viel Glück!)_ _____

groß _____

die **Gruppe**, -n _____

die **Information**, -en _____

informieren _____

das **Interesse**, -n _____

das **Kino**, -s _____

das **Konzert**, -e _____

lernen _____

merken _____

mit|machen _____

nennen _____

nur _____

das **Plakat**, -e _____

das **Problem**, -e _____

das **Restaurant**, -s _____

der **See**, -n _____

die **Sonne** (Sg.) _____

das **Theater**, - _____

das **Ticket**, -s _____

der **Titel**, - _____

das **Thema**, Themen _____

die **Tour**, -en _____

das Turnier, -e _____

treffen _(er/es/sie trifft)_ _____

das **Wasser** _____

wichtig _____

zum Beispiel _____

der Zwilling, -e _____

Seite 20

die **Stadt**, Städte _____

sammeln _____

Woher? _____

die **Mama**, -s _____

der **Papa**, -s _____

geben _(er/es/sie gibt)_
(Welche Sprachen
gibt es?) _____

Länder	Griechenland	Russland
	Italien	Schweden
Argentinien	Japan	Spanien
China	Kanada	Syrien
Dänemark	Mexiko	die Türkei
England	Polen	Ungarn
Frankreich	Rumänien	die USA

Sprachen	
Arabisch	Persisch
Dänisch	Polnisch
Französisch	Russisch
Griechisch	Spanisch
Italienisch	Tschechisch
Japanisch	Türkisch

Seite 21

einfach _(Sprechen_
macht einfach Spaß.) _____

finden _(… finde ich gut.)_ _____

ganz _(Du lernst das_
ganz schnell.) _____

klingen _____

das **Lied**, -er _____

schnell _____

der **Spaß** _(… macht_
Spaß.) _____

der **Strand**, Strände _____

viel, viele _____

was _(Sag mal was.)_ _____

wunderbar _____

das **Beispiel**, -e _____

malen _____

oben _____

unten _____

kurz _____

der **Star**, -s _____

Was kann ich?

1 **Ich kann mich und andere vorstellen.** ☺ ☹ ☹
→ KB/ÜB A1, A2, A4

Felix – Deutschland	_Felix kommt ..._____
München	_____
Klasse 7b	_____
joggen ☺	_____
Fußball spielen	_____
schwimmen ☹	_____

2 **Ich kann über Länder und Sprachen sprechen.** ☺ ☹ ☹
→ KB/ÜB A7, A8

✦ Syrien ✦ Französisch ✦ Arabisch ✦ Deutschland ✦ Schweiz ✦ Deutsch ✦

Ich lebe in Berlin.

Das ist in _____ (1).

Ich spreche _____ (2).

Und ich lerne Englisch und Spanisch.

Rechts ist mein Freund André. Er wohnt in Genf.

Das ist in der _____ (3).

Er kommt nicht aus Frankreich, aber

André spricht auch _____ (4).

Und links ist Ahmad. Er wohnt auch in Berlin.

Er kommt aus Damaskus, das ist die Hauptstadt von _____ (5).

Er spricht _____ (6). Und Deutsch und Englisch.

Schultreffen Berlin trifft Genf – Sporttunier

So lerne und übe ich

3 **Ich suche internationale Wörter in einem Text.** ☐ manchmal ☐ oft ☐ nie

> Am 5. August 2016 wurden in Rio de Janeiro die Olympischen Sommerspiele eröffnet. 206 Nationen haben teilgenommen, das war ein neuer Rekord. 11.303 Athleten kämpften in 207 Teams um Medaillen in 28 Diszi-plinen. Deutschland holte 42 Medaillen (17-mal Gold, 10-mal Silber und 15-mal Bronze) und erreichte Platz 5.

4 **Ich lerne Wörter in Gruppen.** ☐ manchmal ☐ oft ☐ nie

Basketball

Sport

ICH

1 a Was ist das? Ordne zu.

✦ das Gymnasium ✦ der Schüler ✦ die Lehrerin ✦ die Bibliothek ✦
✦ die Hausaufgabe ✦ die Cafeteria ✦ das Orchester ✦ der Sportplatz ✦ der Stundenplan ✦

1. _____

2. _____

3. _____

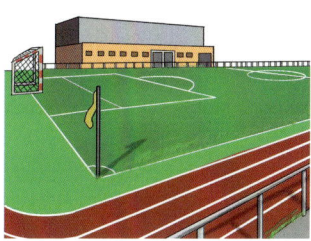

4. _____

5. _____

6. _____

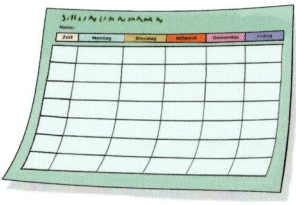

7. _____

8. _____

9. _____

b Welche Wörter passen zusammen? Bilde Paare.

✦ die Klarinette ✦ die Cafeteria ✦ das Fach ✦ das Essen ✦ das Turnier ✦
✦ ~~der Lehrer~~ ✦ der Sportplatz ✦ das Orchester ✦ der Stundenplan ✦ ~~der Schüler~~ ✦

der Lehrer – der Schüler_____   _____   _____

_____   _____

2 Wie heißen die Fächer? Schreib.

1. Mmkaeatiht   _Mathematik_

2. Dchetsu   _____

3. Blooigie   _____

4. Gchehicste   _____

5. Pyhksi   _____

6. Giroegafe   _____

7. Cemhie   _____

8. Kntsu   _____

3

a Wie heißen die Wörter? Schreib.

1. die	S	C	H	U	L	T	A	S	C	H	E
2. das											
3. der											
4. der											
5. das											
6. die											
7. die											
8. der											
9. das											

b In der Schultasche – Wie heißen die Wörter? Ergänze die Buchstaben.

1. der F _ ll _ r
2. der S _ hl _ _ s _ l
3. der B _ _ is _ if _

4. das Mä _ _ c _ e n
5. das L _ n _ a l
6. der _ _ s _ e _ s

7. die S _ _ e _ e
8. das B _ n _ o _
9. das Wö _ t _ r b _ c _

 c Was ist in Kims Schultasche? Lies die Wörter. Hör dann und markiere.

✦ das Mäppchen ✦ die Schere ✦ das Lineal ✦ der Füller ✦ der Bleistift ✦ der Kugelschreiber ✦
✦ der Marker ✦ die Brille ✦ die Fahrkarte ✦ die Hose ✦ der Radiergummi ✦
✦ das Heft ✦ das Handy ✦ der Schlüssel ✦ die Uhr ✦

4

a Welcher Artikel passt? Notiere die Wörter mit Artikel.

✦ das ✦ Schere ✦ Brille ✦ Handy ✦ die ✦ der ✦ der ✦ Lineal ✦
✦ das ✦ der ✦ Spielkarte ✦ Schlüssel ✦ Bleistift ✦ die ✦ Wörterbuch ✦ die ✦ Marker ✦ das ✦

das Lineal, ...

b Wie heißt der Artikel? Notiere.

1. _____ Radiergummi
2. _____ Mäppchen
3. _____ Fahrkarte

4. _____ Bleistift
5. _____ Heft
6. _____ Buch

7. _____ Uhr
8. _____ Kugelschreiber
9. _____ Brille

c Markiere alle Wörter und Artikel in 4a und 4b in blau *(der)*, grün *(das)* und rot *(die)*.

d Wie heißt der Artikel? Markiere die Lösung farbig.

1	2	3	4	5	6	7	8	9	10
11	12	13	14	15	16	17	18	19	20
21	22	23	24	25	26	27	28	29	30
31	32	33	34	35	36	37	38	39	40
41	42	43	44	45	46	47	48	49	50
51	52	53	54	55	56	57	58	59	60
61	62	63	64	65	66	67	68	69	70
71	72	73	74	75	76	77	78	79	80
81	82	83	84	85	86	87	88	89	90

13 der	15 das	17 die	Apfel
12 der	10 das	18 die	Hose
34 der	31 das	40 die	Orangensaft
37 der	35 das	21 die	Ausweis
54 der	45 das	48 die	Stift
51 der	57 das	58 die	Pferd
63 der	65 das	70 die	Gymnasium
31 der	50 das	66 die	Schulbibliothek
72 der	76 das	73 die	Klasse
78 der	82 das	89 die	Stundenplan

e Markiere die Wörter in der Wortschlange und schreib mit Artikel.

HOSEKEIGNFAHRKARTEGOELHEFTWOTNDBUCHANFN
ESCHULTASCHEGEAMGNEMKUGELSCHREIBERMWEROGORANGENSAFT

die Hose, ...

_____

f Was ist das? Schreib die Wörter mit Artikel.

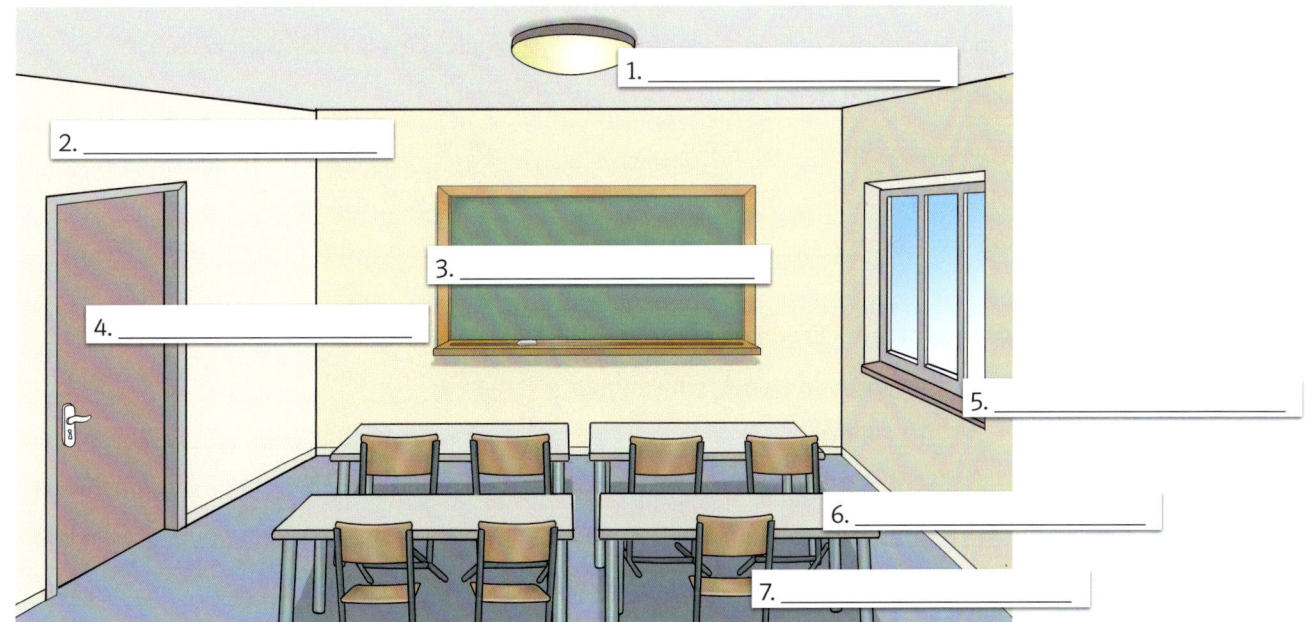

1. _____
2. _____
3. _____
4. _____
5. _____
6. _____
7. _____

5

Arbeitet zu zweit. Notiert zehn Wörter mit Artikel. Sagt eurem Partner / eurer Partnerin die Wörter. Er/Sie nennt den Artikel. Dann wechselt ihr. Wer weiß die meisten Artikel?

6

a   Wer hört Musik? Ordne zu.

✦ Ihr hört Musik. ✦ Er hört Musik ✦ Ich höre Musik. ✦ Sie hören Musik. ✦ Herr Maier, Sie hören Musik? ✦
✦ Du hörst Musik. ✦ Sie hört Musik. ✦ Wir hören Musik. ✦ Es hört Musik. ✦

online
1

b   *ich, du, er, sie … – Ergänze.*

1. __Ich__ komme aus Köln.

2. ○ Clara, wohnst _____ auch in Köln?   ● Nein, _____ wohne in München.

3. Mia und Jannik wohnen in München und _____ gehen ins Schiller-Gymnasium.

4. Das sind Frau Ties und Herr Pohl. _____ sind Lehrer.

5. ○ Seid _____ auch 13 Jahre alt?   ● Nein, _____ sind 12 Jahre alt.

6. ○ Spielst _____ gern Volleyball?   ● Ja, und _____?   ○ Ja, ich auch!

7. ○ Ole und Nico, lernt _____ auch Spanisch?   ● Ja, _____ lernen Spanisch.

c   Fragen und Antworten – Ergänze.

✦ sein ✦ hören ✦ sehen ✦ spielen ✦ schwimmen ✦ lernen ✦

1. ● __Schwimmt__ ihr gern ?   ○ Nein, wir _____ nicht gern. Und ihr?

2. ● _____ Lara und Zoe gern Serien?   ○ Ja, sie _____ gern Serien.

3. ● _____ Max und Jan gern Volleyball?   ○ Nein, sie _____ gern Fußball.

4. ● Nils und Mara _____ gern Musik.   ○ Wir auch. Wir _____ gern Ariana Grande.

5. ● _____ ihr 13 Jahre alt?   ○ Nein, wir _____ 12 Jahre alt.

6. ● Wir _____ gern Deutsch.   ○ _____ ihr auch gern Deutsch?

7 **a** **Sag mal ... Wortakzent – Hör und lies die Wörter. Markiere den Wortakzent.**

1.19

D<mark>ie</mark>nstag, Brille, Stunde, Marker, Apfel, Freitag, Klasse, Essen, Schüler, Ausweis

1.19

b **Hör noch einmal. Kurz oder lang? Markiere für kurz (.) und für lang (_).**

D<mark>ie</mark>nstag, Brille, Stunde, Marker, Apfel, Freitag, Klasse, Essen, Schüler, Ausweis

8 **Finde Paare und ordne sie in die Tabelle. Schreib mit Artikel.**

✦ Kartoffel ✦ ~~Marker~~ ✦ Türen ✦ Apfel ✦ Mäppchen ✦ Wände ✦ Klassen ✦ Glas ✦
✦ Ball ✦ Bild ✦ Ausweise ✦ Brille ✦ Fahrkarten ✦ Tür ✦ Lieblingsfächer ✦
✦ Gläser ✦ Bonbons ✦ Kartoffeln ✦ ~~Marker~~ ✦ Wand ✦ Bälle ✦ Ausweis ✦ ~~Uhren~~ ✦ Klasse ✦ Äpfel ✦
✦ Bikini ✦ Brillen ✦ Mäppchen ✦ Lieblingsfach ✦ Fahrkarte ✦ Bonbon ✦ Bikinis ✦ ~~Uhr~~ ✦ Bilder ✦

-- / "--	-e / -"e	-(e)n	-er / -"er	-s
der Marker – die Marker		die Uhr – die Uhren		

9 **a** **Wie viele? Schreib.**

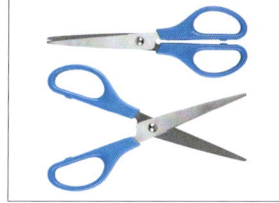

1. <u>drei Schülerinnen</u>   2. _____   3. _____   4. _____

5. _____   6. _____   7. _____   8. _____

b **Deine Klasse, deine Schule – Wie viele ... gibt es? Schreib ins Heft.**

✦ Schüler ✦ Schülerinnen ✦ Lehrer ✦ Lehrerinnen ✦ Fächer ✦ Klassen ✦

Wir sind ... Schüler und ... Schülerinnen. Es gibt ...

Singular: -in
Plural: -innen
die Sängerin –
die Sängerin**nen**

Tipp!

10 **a** **Wie heißen die Wochentage? Schreib.**

GATIERFGATNOMGATSMASHCOWTTIMGATSNEIDGATNNOSGATSRENNOD

Freitag, ...

b **Sophies Stundenplan – Ergänze die Wochentage.**

	Montag	D_____	M_____	_____	_____
8.00 – 8.45	Englisch	Geschichte	Musik	Religion	Deutsch
8.45 – 9.30	Englisch	Physik	Sozialkunde	Englisch	Deutsch
9.45 – 10.30	Physik	Geografie	Mathe	Bio	Französisch
10.30 – 11.15	Religion	Geografie	Mathe	Bio	Geschichte
11.35 – 12.20	Mathe	Deutsch	Englisch	Französisch	Kunst
12.20 – 13.05	Mathe	Deutsch	Englisch	Französisch	Kunst
13.05 – 14.00	PAUSE				
14.00 – 14.45	Sport	Informatik		Orchester	
14.45 – 15.30	Sport	Informatik		Orchester	

c **Lies Sophies Stundenplan. Richtig oder falsch? Kreuze an.**

richtig falsch

1. Sophie hat fünf Stunden Englisch. ☐ ☐
2. Sophie hat am Montag und am Donnerstag Deutsch. ☐ ☐
3. Sophie hat um 9:45 Uhr Pause. ☐ ☐
4. Sophie hat am Freitag Orchester. ☐ ☐
5. Sophie hat fünf Stunden Deutsch. ☐ ☐
6. Am Mittwoch und am Freitag hat Sophie um 13:05 Uhr frei. ☐ ☐

Eine Schulstunde dauert in Deutschland 45 Minuten.

Tipp!

d **Mach eine Wortschlage zu den Schulfächern oder zu den Schulsachen. Tausche mit einem Partner / einer Partnerin.**

PHYSIKBIOLOGIEMATHE

11 **a** **Ergänze haben in der richtigen Form.**

1. ● Ich _____ am Montag Englisch. Du auch?   ○ Nein, am Dienstag.

2. ● Sophie _____ am Dienstag Deutsch.   ○ Jannik auch.

3. ● _____ du Bonbons?   ○ Ja. Hier, bitte.   ● Danke.

4. ● Ihr _____ heute Kunst, oder?   ○ Was? Nein, wir _____ am Freitag Kunst!

5. ● _____ Clara und Jannik am Donnerstag Chor?   ○ Ja, richtig.

b **Ergänze die Tabelle.**

haben			
ich		wir	
du		ihr	
er/es/sie		sie/Sie	

12 a Was ist das? Schreib.

1. _Das ist eine Brille._

2. _____

3. _____

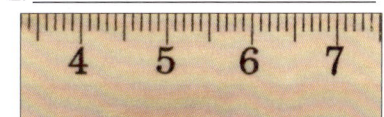

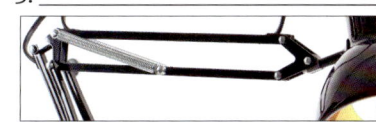

4. _____

5. _____

6. _____

online
5

b **Was ist in Janniks Schultasche, was nicht? Schreib ein/eine/– oder kein/keine.**

1. _Kein_ Orangensaft   5. _____ Apfel   9. _____ Buch

2. _____ Hefte   6. _____ Marker   10. _____ Lineal

3. _____ Radiergummi   7. _____ Hose

4. _____ Bonbons   8. _____ Stifte

c **_der, das, die, ein, eine, –, kein, keine_ – Was passt? Ergänze.**

1. ● Ist Herr Rieger _ein_ Deutschlehrer?   ○ Nein, Herr Rieger ist _____ Direktor!

2. ● Das ist Frau Pauker. Sie ist _____ Biolehrerin in der Klasse 7a.   ○ Unterrichtet sie auch Sport?
    ● Nein, sie ist _____ Sportlehrerin.

3. ● Wo ist _____ Schulbibliothek?   ○ Hier.

4. ● Gibt es in der Cafeteria _____ Bonbons?   ○ Nein, es gibt _____ Bonbons.

5. ● Ist das ein Schüler?
    ○ Nein, das ist _____ Schüler. Das ist _____ Lehrer, das ist _____ Mathelehrer von Jannik.

13 **Lernen – üben – spielen. Was ist das? Schreib die Wörter. Ein Wort pro Bild hat einen anderen Anfangsbuchstaben. Notiere den Buchstaben. Wie heißt das Lösungswort?**

1. _Bonbon, Brille, Stift_

2. _____

3. _____

4. _____

5. _____

6. _____

Lösungswort:

1	2	3	4	5	6
S					

Wichtige Wörter

Seite 23

die **Schule**, -n

die **Cafeteria**, Cafeterien

der **Direktor**, -en

erklären

das **Fach**, Fächer

die **Hausaufgabe**, -n

die Klarinette, -n *(Ich spiele Klarinette.)*

klasse

Lieblings- *(das Lieblingsfach)*

manchmal

okay *(Das Essen ist okay.)*

die Schulbibliothek, -en

das Schulorchester, -

der **Sportplatz**, Sportplätze

der **Stunden-plan**, Stundenpläne

unterrichten

der **Ball**, Bälle

werfen *(er/es/sie wirft)*

Schulfächer

Biologie (Bio)	**Kunst**
Chemie	**Mathematik** (Mathe)
Ethik	**Physik**
Geografie	Politik
Geschichte	**Religion**
Informatik	**Sozialkunde**

Seite 24

der **Apfel**, Äpfel

der **Ausweis**, -e

der **Bleistift**, -e

das Bonbon, -s

die **Brille**, -n

das **Buch**, Bücher

die **Fahrkarte**, -n

---

der **Füller**, -

das **Handy**, -s

die **Hose**, -n

der **Kugelschreiber**, - *(der Kuli, -s)*

das **Lineal**, -e

das **Mäppchen**, -

der **Marker**, -

der **Orangensaft**, Orangensäfte

das **Pferd**, -e

der **Radiergummi**, -s

die **Schere**, -n

der **Schlüssel**, -

die Schultasche, -n

die Spielkarte, -n

die **Uhr**, -en

das **Wörterbuch**, Wörterbücher

der Gegenstand, Gegenstände

der **Buchstabe**, -n

das **Ding**, -e

die **Sache**, -n

üben

Wie heißt das (auf Deutsch)?

Was ist das?

die **Ahnung** *(Keine Ahnung!)*

wissen *(er/es/sie weiß)* *(Ich weiß nicht.)*

Seite 25

die **Ordnung**

klar *(Ist doch klar!)*

der **Saft**, Säfte

die **Farbe**, -n

blau

grün

rot

das Klassenzimmer, - _____

das **Fenster**, - _____

die **Lampe**, -n _____

der **Stuhl**, Stühle _____

der **Tisch**, -e _____

die **Tür**, -en _____

die Wand, Wände _____

neu _____

Seite 26

laufen *(er/es/sie läuft)* _____

links _____

rechts _____

das Computerspiel, -e _____

sehen *(er/es/sie sieht)*
(Seht ihr gern Serien?) _____

die Serie, -n _____

wir _____

ihr _____

sie (Pl.) _____

Sie _____

legen _____

das **Paar**, -e _____

ziehen _____

erzählen _____

der Akzent, -e _____

meistens _____

die Silbe, -n _____

kurz _____

lang, lange _____

Seite 27

die Schulsachen (Pl.) _____

der Bikini, -s _____

das **Glas**, Gläser _____

die **Kartoffel**, -n _____

der **Kuli**, -s *(der Ku-*
gelschreiber, -) _____

der **Stift**, -e _____

ordnen _____

die **Seite**, -n _____

Wie viel? Wie viele? _____

das **Regal**, -e _____

der **Schrank**, Schränke _____

die **Tasche**, -n _____

immer _____

zusammen _____

Seite 28

Wann? _____

am (= an dem)
(am Wochenende) _____

der **Tag**, -e _____

der Chor, Chöre _____

die **Pause**, -n _____

freihaben *(er/es/sie hat*
frei) _____

beantworten _____

morgen _____

Wochentage / die Woche

Montag	**montags**
Dienstag	**dienstags**
Mittwoch	**mittwochs**
Donnerstag	**donnerstags**
Freitag	**freitags**
Samstag	**samstags**
Sonntag	**sonntags**

} das **Wochenende**, -n

Seite 29

cool _____

echt *(Das ist unser*
Lehrer. – Echt?) _____

ein, eine _____

kein, keine _____

die **Bibliothek**, -en _____

die **Party**, -s _____

die Emotion, -en _____

raten *(er/es/sie rät)* _____

der **Rucksack**,
Rucksäcke _____

die Liste, -n _____

tauschen _____

Was kann ich?

1 **Ich kann Schulsachen und Dinge in der Schule benennen.** ☺ ☺ ☹
→ KB/ÜB A1, A2, A3, A8, A9

✦ ~~Tisch~~ ✦ Mäppchen ✦ Bleistift ✦ Stuhl ✦ Tafel ✦ Lampe ✦ Füller ✦ Radiergummi ✦
✦ Sportplatz ✦ Lineal ✦ Schulbibliothek ✦ Marker ✦ Heft ✦ Tür ✦ Kugelschreiber ✦

Schultasche	Klasse/Schule
	der Tisch

2 **Ich kann über Stundenpläne und Schulfächer sprechen.** ☺ ☺ ☹
→ KB/ÜB A2, A10, A11

1. (Mittwoch / Deutsch / ?) ● _Haben wir am Mittwoch Deutsch?_____

   ○ _Ja / Nein, wir ..._____

2. (Was / dein Lieblingsfach / ?) ● _____

   ○ Mein _____

3. (Wann / du / Mathe / ?) ● _____

   ○ Ich _____

3 **Ich kann nach Dingen fragen und antworten.** ☺ ☺ ☹
→ KB/ÜB A12

1. ● Ist das _____ Schultasche? ○ Nein, das ist _____ Schultasche. Das ist _____ Rucksack.

2. ● Sind das _____ Bücher? ○ Nein, das sind _____ Bücher. Das sind _____ Hefte.

So lerne und übe ich

4 **Ich lerne schwierige Wörter und Artikel mit Farben und Fantasiebildern.** ☐ manchmal ☐ oft ☐ nie

das Pferd, das Geld, das Glas | mein Fantasiebild zu *der, die* oder *das*

Lesen Teil 1

1 **a** **Lies die Texte über zwei Jugendliche. Was weißt du über die Personen? Markiere wichtige Informationen in den Texten.**

> **Strategie**
>
> Die Jugendlichen stellen sich in den Texten vor.
> Welche Informationen sind für eine Vorstellung wichtig?
> Sammle vor dem Lesen Ideen (Name, Alter, …).

 Hallo, ich heiße Marco Morelli. Ich komme aus Italien, aus Bozen. Aber ich wohne jetzt in Deutschland, in Augsburg. Ich bin 14 Jahre alt. Meine Schule heißt Jakob-Fugger-Gymnasium. Ich gehe in die Klasse 8a. Ich spreche Italienisch und Deutsch und ich lerne Englisch und Spanisch in der Schule. Meine Hobbys sind Sport und Musik. Ich spiele oft Tennis und Volleyball. Ich höre gern Musik und ich singe und spiele Klavier.

 Hi, ich bin Magdalena Lohmann. Ich komme aus Österreich. Aber ich wohne in Leipzig. Das ist in Deutschland. Ich bin 15 Jahre alt und gehe in die Thomas Müntzer Schule, in die Klasse 9c. Ich mache gern Mathe, Physik und Chemie. Ich habe Englisch und Französisch. Aber ich lerne nicht gern Sprachen. Ich spiele gern Computer und ich liebe Sport. Ich spiele oft Basketball und ich jogge manchmal.

b **Sprecht über die Personen in der Klasse.**

> Marco kommt aus Italien.

> Magdalena spielt gern Computer.

2 **Lies die Sätze 1 bis 6: Was ist richtig, was ist falsch?**

Beispiel zu Text 1

0 Marco wohnt in Italien.	richtig	~~falsch~~

Text 1

1 Marco kommt aus Augsburg.	richtig	falsch
2 Marco lernt in der Schule zwei Sprachen.	richtig	falsch
3 Marco liebt Musik.	richtig	falsch

Text 2

4 Magdalena wohnt in Österreich.	richtig	falsch
5 Das Lieblingsfach von Magdalena ist Englisch.	richtig	falsch
6 Ein Hobby von Magdalena ist Basketball.	richtig	falsch

Sprechen Teil 1

3 **a** **Lies die Fragen und die Antworten. Was passt zusammen? Verbinde.**

Name?
Alter?
Land?
Wohnort?
Schule?
Sprachen?
Hobby?

A Ich spreche … / Ich lerne …

B Meine Hobbys sind … / Ich mache gern …

C Ich wohne in …

D Ich komme aus …

E Ich gehe in die … Schule. / Meine Schule heißt …

F Ich heiße … / Ich bin … / Mein Name ist …

G Ich bin … (Jahre alt).

b **Arbeitet zu zweit und lest die Steckbriefe. Jeder/Jede wählt eine Person. Würfelt dann und sprecht den Satz für die Person.**

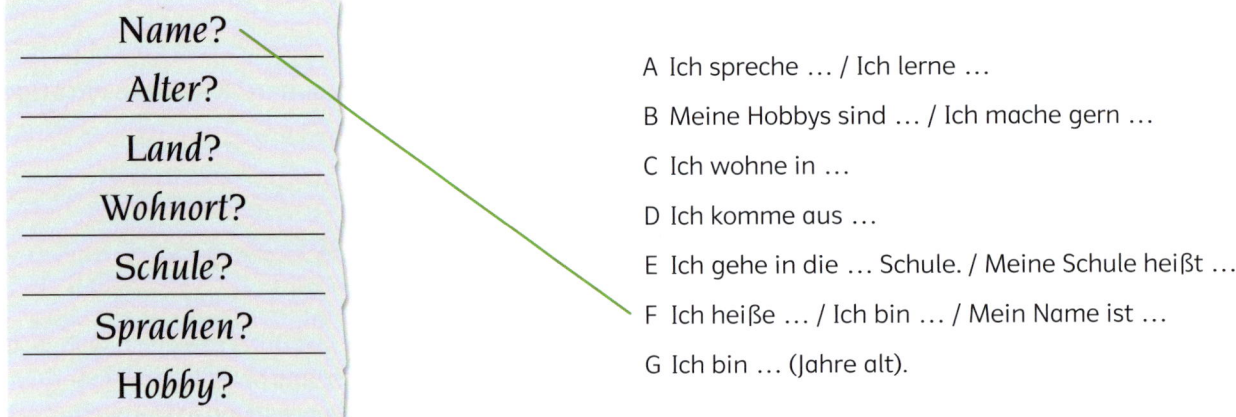

Marek Peplinski

Alter: 13 Jahre
Land: Polen
Wohnort: Deutschland, Dresden
Schule: Astrid-Lindgren-Schule, Klasse 7a
Sprachen: Polnisch, Deutsch, Englisch
Hobby: Fußball, Computer spielen

Linda Pietersteiner

Alter: 11 Jahre
Land: Österreich
Wohnort: Deutschland, Köln
Schule: Paul-Klee-Schule, Klasse 5a
Sprachen: Schwedisch, Deutsch, Englisch
Hobby: Musik, Klavier spielen, singen

 Name? | Alter? |  Land/Wohnort? | Schule? | Sprachen? | Hobbys

Ich heiße Marek.

Ich gehe in die Paul-Klee-Schule, in die Klasse 5a.

c **Und du? Schreib zu jeder Frage aus 3a einen Satz über dich.**

4 **a** **Hör Mareks Vorstellungen. Welche ist gut, welche ist nicht so gut?**

b **Lies und übe deine Vorstellung mit deinen Notizen aus 3c. Sprich dann ohne Notizen.**

c **Arbeitet zu zweit. Stellt euch einander vor. Sprecht ohne Notizen, seht nur auf die Fragen in 1a.**

Ich bin Janina. Ich komme aus …

Strategie

Übe immer wieder laut vor dem Spiegel, stell dich auch deinen Freunden in der Klasse vor.

Du bekommst immer die gleichen Stichwörter. Du hast keine Notizen. Gute Vorbereitung macht dich sicher!

 Tipp!

24 Stunden sind (m)ein Tag

4

1 a Sieh die Bilder an. Wie heißen die Wörter? Ergänze die Buchstaben.

Crossword grid letters:

1 / 2 A | |
U
3 | 4 I
5 O O
6 E E
E
7 8 9 U Y U 10
U I U
11 A A
E
13 O O A E
12 U
15 I E E 16
Ö
14 A
E
17 I E E E
A

b **Ergänze die Mindmaps. Notiere Wörter aus 1a und Kapitel 1 im Kursbuch.**

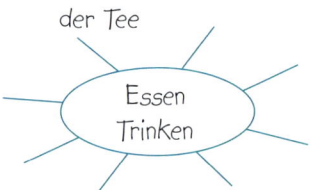

der Tee

Essen
Trinken

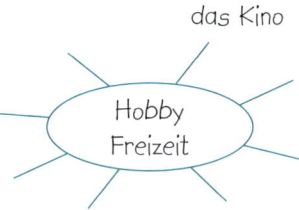

das Kino

Hobby
Freizeit

2 **Was ist das? Hör und nummeriere in der richtigen Reihenfolge.**

_____ duschen   _____ Bus fahren   _____ schlafen

_____ essen   _____ schreiben   _____ lesen

3 **a** **Welche Formen passen zusammen? Schreib und markiere wie im Beispiel.**

✦ ~~essen~~ ✦ fahren ✦ haben ✦ lesen ✦ ~~sein~~ │ ✦ ~~du bist~~ ✦ du triffst ✦ ~~du isst~~ ✦ du hast ✦ du liest ✦
✦ nehmen ✦ schlafen ✦ sehen ✦ treffen ✦ │ ✦ du siehst ✦ du fährst ✦ du schläfst ✦ du nimmst ✦

essen: du isst, sein: du bist, ... _____

_____

_____

online
1

b **Was macht Sinan? Ergänze die Sätze.**

✦ ~~fahren~~ ✦ gehen ✦ haben ✦ lesen ✦ sehen ✦ spielen ✦ treffen ✦ haben ✦

1. Sinan _fährt_____ mit dem Bus.

2. Er _____ einen Text auf Deutsch.

3. Er _____ Jannik.

4. Sinan _____ Pause.

5. Er _____ Biologie.

6. Sinan _____ Basketball.

7. Er _____ in den Supermarkt.

8. Toll! Er _____ einen Film im Kino.

c **Was macht Marie? Schreib Sätze.**

1. „Ich schlafe bis sieben Uhr."   _Sie schläft bis sieben Uhr._____

2. „Ich esse ein Brötchen."   _____

3. „Ich lese ein Buch."   _____

4. „Ich fahre mit dem Fahrrad."   _____

5. „Ich mache Hausaufgaben."   _____

6. „Ich treffe Kim."   _____

d **Das machen wir. Und was macht ihr? – Ergänze die Fragen wie im Beispiel.**

1. Wir haben Biologie und Chemie. Und ihr? Habt ihr auch Biologie und Chemie?
2. Wir lesen Texte auf Deutsch. Und ihr? ______ ihr auch Texte auf Deutsch?
3. Wir machen Experimente. Und ihr? ______ ihr auch Experimente?
4. Wir singen gerne. Und ihr? ______ ihr auch gern?
5. Am Mittag essen wir in der Mensa. Und ihr? ______ ihr auch in der Mensa?
6. Wir gehen gerne zur Schule. Und ihr? ______ ihr auch gerne zur Schule?
7. Wir haben am Samstag frei. Und ihr? ______ ihr auch am Samstag frei?

e **Was macht ihr auch? Schreib drei positive Antworten wie im Beispiel.**

Wir haben auch Biologie und Chemie.

f **Ergänze die Tabelle. Vergleicht dann zu zweit.**

	schlafen	lesen	fahren	haben	sein
ich	schlafe	lese			
du				hast	
er/es/sie			fährt		ist

g **Arbeitet zu zweit. Wählt je fünf Verben und schreibt Lernkarten. Partner 1 schreibt Karten wie in Beispiel A, Partner 2 wie in B.**

✦ lesen ✦ fahren ✦ essen ✦ sein ✦ haben ✦ treffen ✦ nehmen ✦ sehen ✦

A

to read
lesen
Liest du gerne Bücher?

B

lesen
Clara liest gerne.
lesen
Clara ______ gerne.

h **Tauscht die Karten und übt die Verben.**

4

Was ist wann? Notiere die Tageszeiten zu den Bildern.

✦ am Abend ✦ am Nachmittag ✦ in der Nacht ✦ am Vormittag ✦ am Mittag ✦ am Morgen ✦

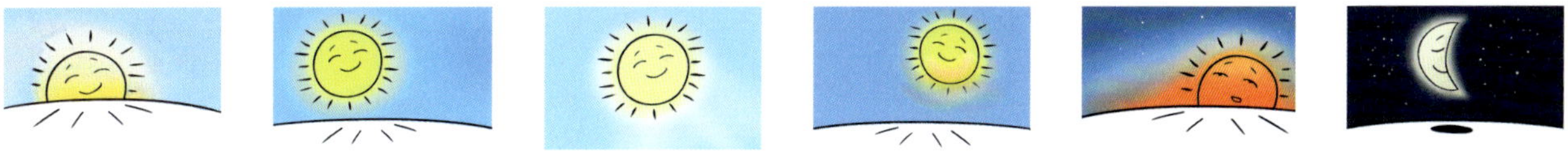

1. ______ ______
2. ______ ______
3. ______ ______
4. ______ ______
5. ______ ______
6. ______ ______

5

a **Sag mal ... *ich*- und *ach*-Laute – Lies die Sätze laut. Hör dann zur Kontrolle.**

1.22

A Ich kaufe ein Brötchen.
B Am Nachmittag mache ich Chemie.
C Paula spricht zwei Sprachen: Griechisch und Deutsch.

b **Sprich die Sätze noch einmal, erst langsam, dann schneller.**

6

a Was passt zusammen? Verbinde.

1.	Es ist acht Uhr.	A	9:15 Uhr
2.	Es ist Viertel nach neun.	B	12:45 Uhr
3.	Es ist halb elf.	C	15:20 Uhr
4.	Es ist Viertel vor eins.	D	18:50 Uhr
5.	Es ist zwanzig nach drei.	E	8:00 Uhr
6.	Es ist zehn vor sieben.	F	10:30 Uhr

b Was hörst du? Kreuze an.

1.23
online 2

1. ☐ 8:30 ☐ 9:30   4. ☐ 14:15 ☐ 16:20   7. ☐ 17:55 ☐ 18:05

2. ☐ 10:45 ☐ 11:15   5. ☐ 16:10 ☐ 15:50   8. ☐ 20:00 ☐ 19:30

3. ☐ 12:05 ☐ 11:55   6. ☐ 16:40 ☐ 17:20   9. ☐ 22:10 ☐ 21:50

c Ordne die Verben zu.

✦ gehen ✦ treffen ✦ lesen ✦ essen ✦ machen ✦ schreiben ✦

1. einen Mathetest _____   4. ein Buch _____

2. Hausaufgaben _____   5. Freunde _____

3. zum Basketballtraining _____   6. eine Pizza _____

d Hör den Dialog und verbinde.

1.24

1. Paula schreibt einen Mathetest.

2. Sie fährt nach Hause.

3. Sie geht zum Basketballtraining.

4. Sie isst mit ihrer Familie eine Pizza.

e Wie sagt man die Uhrzeiten? Schreib.

1. _____Es ist neun Uhr._____   4. _____

2. _____   5. _____

3. _____   6. _____

7

a Uhrzeit offiziell – Hör und sprich nach. Notiere dann die Uhrzeit.

1.25

1. `1 3 : 0 5`   3. `☐ ☐ : ☐ ☐`   5. `☐ ☐ : ☐ ☐`

2. `☐ ☐ : ☐ ☐`   4. `☐ ☐ : ☐ ☐`   6. `☐ ☐ : ☐ ☐`

b **Arbeitet zu zweit. Notiert fünf Uhrzeiten. Partner 1 sagt die offizielle Uhrzeit. Partner 2 sagt die inoffizielle Uhrzeit. Dann wechselt ihr.**

Es ist elf Uhr fünfzehn.

11:15
13:45
16:20
21:55
23:10

Es ist Viertel nach elf.

8 online **3**

a **Mias Tag – Schreib die Sätze anders und beginne mit der Zeitangabe.**

1. Mia frühstückt um sieben Uhr.

   Um sieben Uhr frühstückt Mia.

2. Sie fährt um halb acht zur Schule.

   _____

3. Sie fährt um 14 Uhr nach Hause.

   _____

4. Sie macht am Nachmittag die Hausaufgaben.

   _____

5. Sie spielt von 17 Uhr bis 18:30 Uhr Tennis.

   _____

b **Was passt: *um, am, bis* oder *von ... bis*? Ergänze.**

1. Hast du _____ Samstag Zeit?

   _____ 15 Uhr gehe ich zu Oma. _____ Vormittag habe ich Zeit.

2. Was machst du _____ Mittwoch?

   _____ 14 _____ 17 Uhr habe ich Fußballtraining.

3. Wann fährst du nach Hause?

   Ich bin _____ 13 Uhr in der Schule. Ich nehme den Bus _____ 13:09 Uhr.

4. Wann lernen wir _____ Freitag Mathe? _____ 15 Uhr?

   Nein, _____ Nachmittag habe ich Chor. _____ 18 Uhr?

5. Joggen wir am Nachmittag?

   Nein, wir haben doch _____ 14 Uhr _____ 15:30 Uhr Sport in der Schule.

c **Lies den Dialog und ergänze.**

✦ Uhr ✦ Zeit ✦ Stunde ✦ Minuten ✦

● Lernen wir heute Nachmittag zusammen Mathe? Hast du _____ (1)?

○ Nein, jetzt ist es 14 _____ (2). Ich fahre jetzt nach Hause. Dann lerne ich eine

   _____ (3) Mathe und dann gehe ich zum Basketballtraining.

   Oh, mein Bus kommt in drei _____ (4), ich gehe jetzt. Tschüs!

d **Was macht Mia am Samstag? Schreib Sätze. Beginne mit dem unterstrichenen Satzteil.**

1. <u>Mia</u> – bis 10 Uhr – schlafen – .   *Mia schläft bis 10 Uhr.*

2. sie – frühstücken – <u>um 11 Uhr</u> – .   _____

3. lernen – von 12 bis 14 Uhr – <u>sie</u> – .   _____

4. sie – <u>am Nachmittag</u> – Paula – treffen – . _____

5. <u>um 19 Uhr</u> – sie – nach Hause – gehen – .   _____

6. sie – essen – eine Pizza – <u>am Abend</u> – .   _____

online
4

e **Der perfekte Tag – Was machst du wann? Schreib einen kurzen Text. Verwende Tages- und Uhrzeiten.**

✦ bis ... Uhr schlafen ✦ bis ... Uhr lesen ✦
✦ Pizza/Hamburger/Schokolade essen ✦ einen super
Test schreiben ✦ frei haben ✦ meine Freunde treffen ✦ ... ✦

> *Der perfekte Tag*
> *Am Morgen schlafe ich bis ...*

9

a **Was passt zusammen? Verbinde und schreib die Verben zu den passenden Bildern.**

ab-   mit-   auf-
    fern-   ein-
              an-

kaufen   stehen   sehen

rufen   kommen   holen

1. *anrufen* _____

2. _____

3. _____

4. _____

5. _____

6. _____

b **Korrigiere die Sätze und markiere in deinen Sätzen die trennbaren Verben.**

1. Sinan steht auf um 8 Uhr.
2. Mia kauft ein im Supermarkt.
3. Sinan ruft Paula an am Nachmittag.
4. Er holt ab Paula um 16 Uhr.
5. Sie gehen ins Schwimmbad. Mia kommt mit auch.
6. Am Abend sieht fern Sinan.

> Sinan ==steht== um 8 Uhr ==auf==.

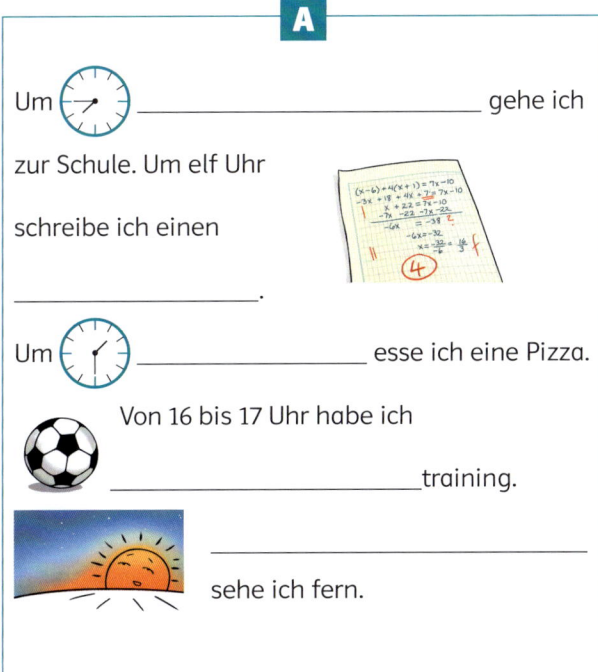
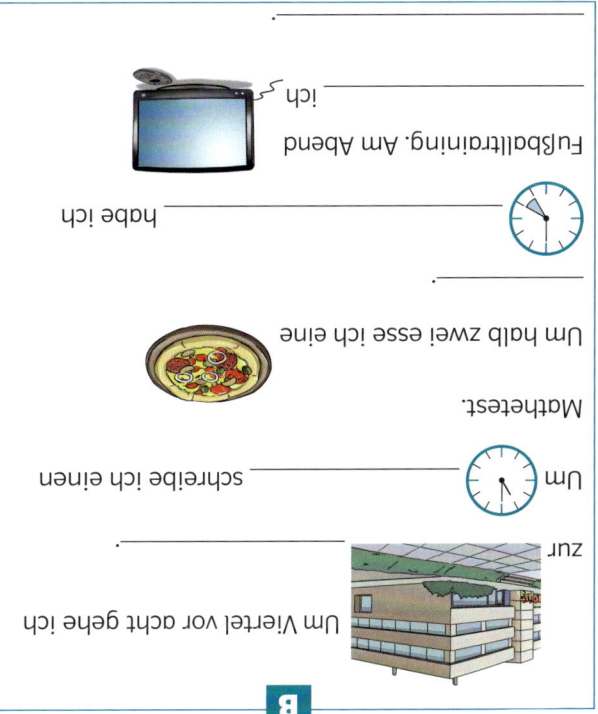

c   Lies die Sätze und ordne die Verben aus dem Kasten zu. ‹oder› Ergänze die Sätze frei.

1.   Von Montag bis Freitag _____ ich um 7 Uhr _____. Am Samstag und Sonntag schlafe ich bis 11 Uhr.

2.   Am Freitag _____ ich oft _____. Die Serie um 19 Uhr ist toll!

3.   Wir gehen ins Kino. _____ du auch _____?

4.   Ich _____ Sinan am Nachmittag _____. Wie ist Sinans Handynummer?

5.   Frau Müller _____ im Supermarkt _____.

> einkaufen   mitkommen   anrufen   fernsehen   aufstehen

10

online
5

a   Ordne den Dialog und schreib ins Heft.

Hallo Mia. Ja, ich habe Zeit. – Ja, gerne. Um wie viel Uhr? – Ja, super. Das passt. – Gehen wir zusammen ins Einkaufszentrum? – Um 11 Uhr. Ist das okay? – Hallo Paula, hast du heute Vormittag Zeit?

> Hallo Paula, hast du ...

b   Ergänze die Nachrichten.

✦ In Ordnung ✦ Um wie viel Uhr ✦
✦ Nachmittag ✦ ins Kino gehen ✦ Tut mir leid ✦

Hi Luis, _____ wir _____?

Wann denn?

Heute _____.

_____.
Das geht nicht. Vielleicht morgen?

_____?

Vielleicht um 16 Uhr?

_____.

11

Lernen – üben – spielen. Arbeitet zu zweit. Jeder/Jede ergänzt einen Text. Vergleicht dann die Texte.

Wichtige Wörter

Seite 37

der **Bus**, -se _____

der **Club**, -s _____

der **Film**, -e _____

das **Internet** _____

die **Stunde**, -n _____

die **Banane**, -n _____

die **Mensa**, -s _____

das **Popcorn** _____

der **Salat**, -e _____

der **Supermarkt**, Super-
märkte _____

die **Tomate**, -n _____

fast _____

helfen *(er/es/sie hilft)* _____

die **Idee**, -n *(Ich habe
eine Idee.)* _____

leicht _____

Seite 38

das **Brötchen**, - _____

essen *(er/es/sie isst)* _____

früh _____

das **Frühstück** _____

das **Müsli**, -s _____

müde _____

Gute Nacht! _____

schlafen *(er/es/
sie schläft)* _____

wecken _____

duschen _____

fahren *(er/es/sie fährt)* _____

kaufen _____

die **Minute**, -n _____

die **Mutter**, Mütter _____

nehmen *(er/es/sie
nimmt) (Sie nimmt
die Linie 15.)* _____

das **Radio**, -s _____

Uhr *(Kim schläft
bis 7:00 Uhr.)* _____

kontrollieren _____

Seite 39

anders _____

der **Freund**, -e _____

die **Freundin**, -nen _____

in *(in der Nacht)* _____

sonst _____

Tageszeiten

der **Morgen**, -	**morgens**
der **Vormittag**, -e	**vormittags**
der **Mittag**, -e	**mittags**
der **Nachmittag**, -e	**nachmittags**
der **Abend**, -e	**abends**
die **Nacht**, Nächte	**nachts**

Seite 40

die **Uhrzeit**, -en _____

spät *(Wie spät ist es?)* _____

das **Viertel**, - *(Es ist Vier-
tel nach eins.)* _____

halb *(Es ist halb
drei.)* _____

vor *(Es ist zwanzig vor
sechs.)* _____

nach *(Es ist fünf nach
zehn.)* _____

das Basketball-
training, -s

nach Hause

frühstücken

der Hotdog, -s

die **Pizza**, -s

der Mathetest, -s

korrigieren

das **Papier**, -e

verschieden

Seite 41

der **Kopf**, Köpfe

die Münze, -n

stehen

um (um elf Uhr)

besuchen

die **Oma**, -s

der **Opa**, -s

die **Zeit**

der **Plan**, Pläne

korrekt

Seite 42

ab|holen

an|rufen

ein|kaufen

fern|sehen
(er/es/sie
sieht fern)

erst (Ich stehe erst um
11 Uhr auf.)

mit|kommen

das **Schwimmbad**,
Schwimmbäder

besonders

durcheinander

Seite 43

die Verabredung, -en

heute

sofort

gehen (Das geht nicht.)

leidtun (Es tut mit leid.)

in Ordnung

vielleicht

das **Café**, -s

das **Einkaufszentrum**,
Einkaufszentren

das Stadion, Stadien

geöffnet

shoppen

spazieren gehen

einmal

zuerst

der **Teil**, -e

wechseln

kosten (Was / Wie viel
kostet …?)

vorspielen

Seite 44

formulieren

Was kann ich?

1 Ich kann einen Tagesablauf beschreiben und Tages- und Uhrzeiten nennen. ☺ ☺ ☹
→ KB/ÜB A2, A4, A6, A7, A8, A9

✦ zur Schule fahren ✦ am Vormittag ✦ aufstehen ✦ einen Mathetest schreiben ✦ Fußballtraining haben ✦
✦ am Abend ✦ Marie treffen ✦ Computer spielen ✦ um ... Uhr ✦ am Nachmittag ✦

Lukas steht um sieben Uhr auf ...

2 Ich kann mich verabreden. ☺ ☺ ☹
→ KB/ÜB A10

✦ wie viel Uhr ✦ ins Einkaufszentrum ✦ in Ordnung ✦ heute Nachmittag ✦

● Hast du _____ (1) Zeit?

○ Ja.

● Gehen wir zusammen _____ (2)?

○ Ja, gern. Um _____ (3)?

● Um 15 Uhr. Ist das okay?

○ Ja, _____ (4).

So lerne und übe ich

3 Ich schreibe Lernkarten zu Verben mit Beispielen. ☐ manchmal ☐ oft ☐ nie

lesen
_____

treffen
Tom trifft Felix
am Abend.

fern|sehen
_____

auf|stehen
Ich stehe um
7 Uhr auf.

Guten Appetit! 5

1 a Was ist das? Schreib die Wörter mit Artikel. Ergänze die Wörter auch in deiner Sprache.

1. _die Nudeln_

2. _____

3. _____

4. _____

5. _____

6. _____

7. _____

8. _____

9. _____

10. _____

b Was passt zusammen? Verbinde.

das Mineralwasser

B der Kuchen

das Eis

das Ei

E

A

D

die Banane

die Birne

F der Zucker

das Brötchen

G

H

c Welches Wort passt nicht? Streiche durch.

1. der Apfel – die Birne – das Brot – die Banane

2. der Orangensaft – die Nudeln – das Mineralwasser – die Cola

3. das Brot – der Kuchen – das Brötchen – der Salat

4. die Salami – die Schokolade – das Eis – der Kuchen

online 1

d Wie heißen die Geschäfte? Schreib die Wörter.

die thpoAeek

der murtkSpare

die eikcBeär

die gtzeeMier

_____

_____

_____

_____

e Kilo – Gramm – Liter – Was passt? Ergänze.

1. 2 ___Kilo___ Äpfel

2. 1 _____ Milch

3. 15 _____ Zucker

4. 100 _____ Salami

5. 1 _____ Bananen

6. 1 _____ Cola

2

online
2

a Welches Verb passt wo? Schreib.

✦ kaufen ✦ putzen ✦ ~~machen~~ ✦ backen ✦ gehen ✦ haben ✦

1. eine Idee _____

2. Hausaufgaben ___machen____

3. Eier _____

4. die Küche _____

5. den Kuchen _____

6. in die Bäckerei _____

b Wähle drei Ausdrücke aus 2a und schreib Sätze.

3

online
3

a Die Schulparty – Ergänze den Artikel.

✦ der Kuchen ✦ die Pizza ✦ die Salami ✦ die Cola ✦ der Salat ✦ der Apfelsaft ✦ die Brötchen (Pl.) ✦

Kuchen: Kim und Marie
Salat: Henri
Pizza: Lukas
Apfelsaft: Ben
Cola: Sarah
20 Brötchen: Valentin
Salami: Paula

1. Wer backt __den__ Kuchen?

2. Wer macht _____ Salat?

3. Wer macht _____ Pizza?

4. Wer kauft _____ Apfelsaft?

5. Wer bringt _____ Cola mit?

6. Wer bringt _____ Brötchen mit?

7. Wer kauft _____ Salami?

b Sprecht zu zweit. Antwortet auf die Fragen in 3a.

Wer backt den Kuchen?

Kim und Marie.

c Was machen Kim und Marie? Bilde Sätze. Achte auf die Artikel.

1. Kim – kaufen – der Zucker – und – die Eier

   Kim kauft den Zucker und die Eier.

2. Marie – mitbringen – das Mehl – und – die Äpfel

   _____

3. Kim und Marie – backen – der Apfelkuchen

   _____

4. Kim – putzen – die Küche

   _____

5. Kim und Marie – machen – die Hausaufgaben

   _____

d Oh nein, alles falsch! Korrigiere die Sätze.

1. Der Kuchen backt das Mädchen.

   Das Mädchen backt den Kuchen.

2. Die Pizza isst den Lehrer.

   _____

3. Die Hausaufgaben machen den Schüler.

   _____

4. Die Nudeln essen die Frau.

   _____

5. Der Orangensaft kauft die Lehrerin.

   _____

e Wer findet was? Spielt zu zweit.

Findest du die Pizza?

Ja, hier.
Siehst du den Orangensaft?

4 **a** **Was kostet das? Hör und verbinde.**

1. Das Mineralwasser kostet ...

A 2,20 Euro

B 55 Cent

C 1,30 Euro

4. Der Kuchen kostet ...

5. Das Brötchen kostet ...

2. Die Schokolade kostet ...

3. Das Eis kostet ...

D 80 Cent

E 3,90 Euro

b **Ergänze die Dialoge.**

1. ● W __ __   v __ __ __   kos__ __ __   ein Stück Kuchen?
   ○ 4 Euro.
   ● Oh, das ist t __ __ __ __ !

2. ● W __ __   kost __ __ die Pizza?
   ○ 90 Cent.
   ● 90 Cent? Das ist b __ __ __ __ __.

5 **a** **Welcher Artikel ist richtig? Kreuze an.**

1. ● Nimmst du ☐ einen ☐ ein ☐ eine Hamburger oder ☐ einen ☐ ein ☐ eine Pizza?
   ○ Hamburger und Pizza? Nee, ich nehme ☐ einen ☐ ein ☐ eine Salat.

2. ● Was trinkst du? ☐ Einen ☐ Ein ☐ Eine Orangensaft?
   ○ Nein, ich nehme ☐ einen ☐ ein ☐ eine Cola.

3. ● Ich kaufe jetzt ☐ einen ☐ ein ☐ eine Brötchen. Und du?
   ○ Ich esse nichts. Ich kaufe nur ☐ einen ☐ ein ☐ eine Wasser.

4. ● Essen wir ☐ einen ☐ ein ☐ eine Eis?
   ○ Ja, gern. Schokolade, bitte.

5. ● Ich kaufe jetzt ☐ einen ☐ ein ☐ eine Donut und ☐ einen ☐ ein ☐ eine Banane.
   ○ Ach, ich nehme ☐ einen ☐ ein ☐ eine Brötchen mit Käse.

b **Ergänze die Tabelle.**

	Artikel			
Nominativ	der – ein	das – ein	die – eine	die (Pl.) – ✕
Akkusativ	den – _____	das – _____	die – _____	die – ✕

online 4

c **Was passt wo? Ergänze.**

✦ ein ✦ eine ✦ das ✦ der ✦ ein ✦ ein ✦ die ✦ einen ✦ eine ✦

1. ● Möchtest du auch _____ Eis?
   ○ Ja, gern. ... Mhm, _____ Schokoladeneis ist so gut!

2. Sarah kauft _____ Pizza. _____ Pizza ist sehr gut.

3. ● Oh toll, Brötchen! Wie viel kostet _____ Brötchen?   ○ 35 Cent.
   ● Okay, dann nehme ich zwei Brötchen und _____ Cola.

4. Henri isst jeden Tag _____ Apfel. Das ist gesund.

5. _____ Apfelsaft ist teuer! 2 Euro! Ich nehme _____ Wasser.

6 **a** **Am Kiosk – Wer sagt das? Notiere V (Verkäufer/Verkäuferin) oder K (Kunde/Kundin).**

1. Ich möchte einen Orangensaft, bitte.   _K_

2. Was darf's sein?   _____

3. Ich nehme ein Stück Pizza.   _____

4. Ich hätte gern ein Brötchen mit Salami.   _____

5. Guten Morgen, was möchtest du?   _____

6. Ist das alles?   _____

b **Hör den Dialog und schreib.** ◄**oder**► **Schreib den Dialog und hör zur Kontrolle.**

✦ Ich hätte gern ein Brötchen mit Käse. ✦ Das macht 2,50 Euro. ✦ Bitte sehr? ✦
✦ Ja, ich nehme auch ein Wasser. ✦ Danke. Tschüs. ✦ Gern. Noch etwas? ✦ Hier, bitte. ✦

● _____

● _____

○ _____

● _____

○ _____

○ _____

● _____

c **Schreib eine passende Frage oder Antwort.**

1. ● Hallo, was möchtest du?   ○ _____

2. ● _____   ○ Ein Brötchen mit Käse kostet 1,80 Euro.

3. ● Noch etwas?   ○ _____

d **Ergänze die Endungen.**

1. Was möcht_____ du?

2. Ich möcht_____ einen Donut mit Schokolade.

3. Sarah möcht_____ zwei Bananen.

4. Möcht_____ Sie noch etwas?

5. Möcht_____ ihr auch eine Cola?

6. Wir möcht_____ einen Apfelsaft und eine Cola.

7 **Sag mal . . . Umlaute ä, ö, ü – Hör die Sätze und sprich nach.**

1. Ich möchte fünfzehn Brötchen, bitte.

2. Wir hören Musik zum Frühstück.

3. Ich hätte gern ein Wasser.

4. Später essen wir ein Stück Kuchen.

5. Der Kuchen ist in der Küche.

6. Der Käse ist gut.

8

a **Was isst Ben? Hör und verbinde.**

(1.29)

Frühstück   Mittagessen   Abendessen

b **Schreib einen Text über Ben.**

✦ Zum Frühstück isst Ben ... ✦ Mittags ... ✦ Am Abend ... ✦ Er isst gern ... ✦

_____

_____

_____

c **Was passt? Ergänze _und, oder, aber._**

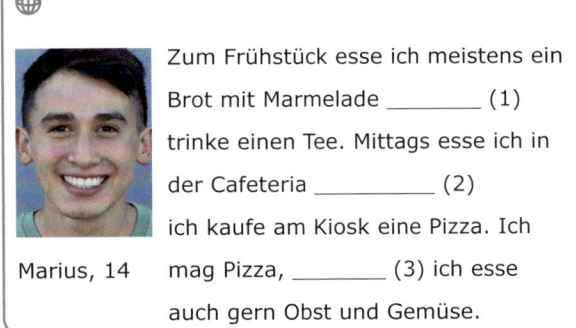

Zum Frühstück esse ich meistens ein Brot mit Marmelade _____ (1) trinke einen Tee. Mittags esse ich in der Cafeteria _____ (2) ich kaufe am Kiosk eine Pizza. Ich mag Pizza, _____ (3) ich esse auch gern Obst und Gemüse.

Marius, 14

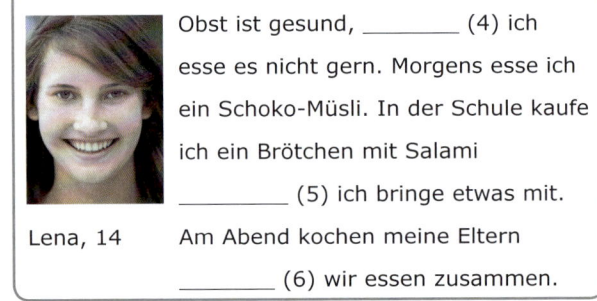

Obst ist gesund, _____ (4) ich esse es nicht gern. Morgens esse ich ein Schoko-Müsli. In der Schule kaufe ich ein Brötchen mit Salami _____ (5) ich bringe etwas mit. Am Abend kochen meine Eltern _____ (6) wir essen zusammen.

Lena, 14

d **Schreib Sätze.**

1. zum Frühstück – Kim – essen – Müsli – und – Milch – trinken – .

_____

2. am Wochenende – kochen – Frau Müller – oder – gehen – sie – in ein Café – .

_____

3. Marie – essen – nicht gern – Obst – aber – Gemüse – essen – sie – gern – .

_____

e   **Ordne die Wörter.**

✦ nie ✦ oft ✦ meistens ✦ ~~immer~~ ✦ manchmal ✦

_____   _____   _____   _____   _immer_____

f   **Und du? Ergänze Wörter aus 8e.**

1. Zum Frühstück esse ich _____ ein Müsli.

2. Mittags esse ich _____ eine Suppe.

3. Am Nachmittag trinke ich _____ einen Orangensaft.

4. Zum Abendessen esse ich _____ Brot.

9

online 5

a   *Ich mag ...* **– Ergänze die passende Form von *mögen*.**

1. _____ du Obst und Gemüse?

2. Ich _____ keinen Salat, aber ich esse viel Gemüse.

3. Henri _____ keine Salami und keinen Schinken.

4. Viele Schüler _____ Schokolade und Eis.

5. _____ ihr Fisch?

6. Wir _____ Fleisch, aber keinen Fisch.

b   **Was mögen die Schüler und was mögen sie nicht? Schreib Sätze.**

	Kim	Lukas	Marie
☺	(Bananen)	(Hamburger)	(Spaghetti)
☹	(Fisch)	(Eier)	(Suppe)

1.   _Kim mag Bananen, aber sie mag keinen ..._____

2.   _____

3.   _____

10

Lernen – üben – spielen. Arbeitet zu zweit. Jeder/Jede ergänzt einen Text. Diktiert euch den Text und korrigiert.

A

Morgens esse ich immer _____.

In der Schule trinke ich _____.

Mittags esse ich meistens _____.

Zum Abendessen esse ich oft _____.

B

Abends esse ich oft _____.

Am Nachmittag trinke ich _____.

Zum Mittagessen esse ich meistens _____.

Zum Frühstück esse ich oft _____.

Wichtige Wörter

Seite 45

der **Appet<u>i</u>t** (Guten
    Appetit!)

die **B<u>i</u>rne**, -n

das **Br<u>o</u>t**, -e

der **K<u>u</u>chen**, -

das **<u>Ei</u>s**, -

das **<u>Ei</u>**, -er

der **K<u>ä</u>se**

die **Lebensmittel** (Pl.)

die **M<u>i</u>lch**

das **Miner<u>a</u>lwasser**, -

die **N<u>u</u>del**, -n

die Sal<u>a</u>mi, -s

der **Z<u>u</u>cker**

das **Gesch<u>ä</u>ft**, -e

die **Apoth<u>e</u>ke**, -n

die **Bäcker<u>ei</u>**, -en

die Metzger<u>ei</u>, -en /
    die Fl<u>ei</u>scherei, -en

das **Gr<u>a</u>mm**, -

das **K<u>i</u>lo**, -s
    (das Kilogramm, -)

der **L<u>i</u>ter**, -

Seite 46

der <u>A</u>pfelkuchen, -

b<u>a</u>cken

gl<u>au</u>ben

<u>e</u>twas (Bitte bringt
    etwas mit.)

die **K<u>ü</u>che**, -n

das M<u>e</u>hl

m<u>i</u>t|bringen

p<u>u</u>tzen

r<u>ei</u>n|kommen

die Sch<u>u</u>lparty, -s

Seite 47

w<u>ü</u>rfeln

der <u>A</u>pfelsaft, <u>A</u>pfelsäfte

der **H<u>a</u>mburger**, -

das **St<u>ü</u>ck**, -e (ein Stück
    Kuchen)

der **Pr<u>ei</u>s**, -e

t<u>eu</u>er

b<u>i</u>llig

überl<u>e</u>gen

Seite 48

der **K<u>i</u>osk**, -e

der **H<u>u</u>nger** (Ich habe
    Hunger.)

der D<u>o</u>nut, -s

tr<u>i</u>nken

die **Fr<u>au</u>**, -en

der **M<u>a</u>nn**, M<u>ä</u>nner

der **J<u>u</u>nge**, -n

das **M<u>ä</u>dchen**, -

Seite 49

Was darf's sein? _____

Ich hätte gern … _____

Das macht … _____

Bitte schön. _____

möchten *(er/es/sie möchte)* _____

der **Kunde**, -n _____

der **Verkäufer**, - _____

Seite 50

kochen _____

mögen *(er/es/sie mag)* _____

das **Abendessen**, - _____

das **Mittagessen**, - _____

das **Fast Food** _____

das **Sandwich**, -s _____

der **Fisch**, -e _____

das **Fleisch** _____

die **Wurst**, Würste _____

der **Schinken**, - _____

das **Obst** _____

das **Gemüse**, - _____

der **Kakao**, -s _____

die **Marmelade**, -n _____

der **Reis** _____

die **Suppe**, -n _____

der **Vegetarier**, - _____

also *(Ich esse auch gern Fast Food, also Hamburger oder Hot Dog.)* _____

gesund _____

komisch *(Ich finde das komisch.)* _____

warm _____

die **Eltern** *(Pl.)* _____

normalerweise _____

zu Hause _____

jede, jeder _____

die **Notiz**, -en _____

> **Häufigkeit**
> **immer**
> meistens
> **oft**
> **manchmal**
> **nie**

Seite 51

lecker _____

der **Spinat** _____

der **Chat**, -s _____

brauchen _____

dafür *(Kuchen: Was braucht ihr dafür?)* _____

durch *(Geht durch das Klassenzimmer.)* _____

Was kann ich?

1 **Ich kann mit Verkäufern sprechen.** ☺ ☺ ☹
→ KB/ÜB A6

- ● Was darf's sein? ○ _____
- ● Ist das alles? ○ _____
- ● Das macht 3,90 Euro. ○ _____

2 **Ich kann nach Preisen fragen.** ☺ ☺ ☹
→ KB/ÜB A4

- ● _____? ○ 4,80 Euro.

3 **Ich kann über Essgewohnheiten sprechen.** ☺ ☺ ☹
→ KB/ÜB A8

Zum Frühstück esse ich meistens _____

Mittags esse ich _____

Zum Abendessen esse ich oft _____

Ich trinke gern _____

Mein Lieblingsessen ist _____

4 **Ich kann sagen, was ich mag.** ☺ ☺ ☹
→ KB/ÜB A9

Ich mag _____

Aber ich mag kein _____

So lerne und übe ich

5 **Ich lerne Wörter mit Bildern.** ☐ manchmal ☐ oft ☐ nie

A _____ B _____ C _____ D _____ E _____

Meine Familie 6

1 Familiendomino – Spielt zu zweit.

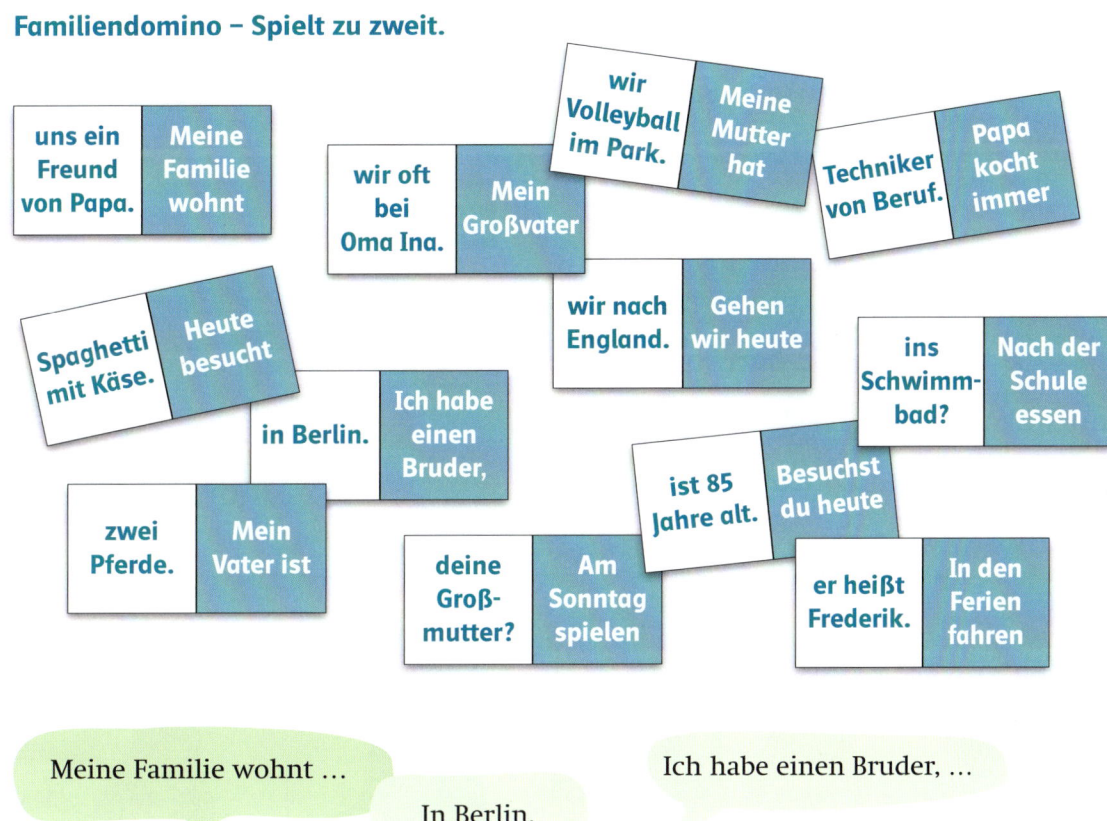

uns ein Freund von Papa.	Meine Familie wohnt

wir oft bei Oma Ina.	Mein Großvater

wir Volleyball im Park.	Meine Mutter hat

Techniker von Beruf.	Papa kocht immer

Spaghetti mit Käse.	Heute besucht

	in Berlin.	Ich habe einen Bruder,

wir nach England.	Gehen wir heute

ins Schwimm-bad?	Nach der Schule essen

zwei Pferde.	Mein Vater ist

deine Groß-mutter?	Am Sonntag spielen

ist 85 Jahre alt.	Besuchst du heute

er heißt Frederik.	In den Ferien fahren

> Meine Familie wohnt …
> In Berlin.

> Ich habe einen Bruder, …

2 a Familie und Verwandte – Welche Wörter findest du? Markiere.

==VATER==ANTEGROßVATERBRUDER==COUSINE==ELTERNGROßMUTTERSOHNSCHWESTER GESCHWISTERONKELTOCHTERCOUSINVERWANDTE==MUTTER==GROßELTERNKINDER

online 1

b Bilde Paare und ergänze die Wörter aus 2a mit Artikel in der Liste. ⟨oder⟩ Schreib einen Stammbaum ins Heft. Nutze mindestens neun Wörter aus 2a.

der Vater	+	_die Mutter_	=	_____
_____	+	_____	=	_____
_____	+	_____	=	_____
_____	+	_____	=	_____
_____	+	_die Cousine_	=	_____
_____	+	_____	=	_____

online
2

c **Lies die Dialoge. Welche Possessivartikel sind richtig? Kreuze an.**

1. ● Wie heißt ☐ dein ☐ deine Cousine?   ○ Sie heißt Oxana.
2. ● Wo ist Kleopatra?   ○ ☐ Mein ☐ Meine Katze ist zu Hause.
3. ● ☐ Mein ☐ Meine Hausaufgaben sind weg!!   ○ Was? Wie? Weg?
4. ● Ist ☐ dein ☐ deine Fahrrad neu?   ○ Ja, schön, oder?
5. ● Ist Max ☐ dein ☐ deine Bruder?   ○ Nein, das ist Nils.

> **Überlege:** Wie heißt der Artikel?
> der Ball → ein Ball
> mein/dein/ihr/sein … Ball

3

a **Ergänze die passenden Possessivartikel.**

Tipp!

A

Das Handy klingelt! Ist das ___dein___ Handy?

Nein, das ist _____ Handy.

B

Oh, die Bananen. Entschuldigung, sind das _____ Bananen?

Oh ja, das sind _____ Bananen. Danke.

C

Und die Bücher? Linus, Jana … sind das _____ Bücher?

Nein, das sind nicht _____ Bücher! Das sind _____ Bücher.

D

Oh, die Tasche! Ist das _____ Tasche?

Nein, das ist _____ Tasche.

b **Ist das …? Ja, …! – Ergänze die Dialoge.**

1. ● Jakob, Paul … sind das ___eure___ Eltern?   ○ Ja, das sind _____ Eltern.
2. ● Ist das _____ Buch, Frau Schmidt?   ○ Ja, das ist _____ Buch. Danke.
3. ● Ist das der Vater von Ben und Timo?   ○ Ja, das ist _____ Vater.
4. ● Kim, Marie … ist das _____ Lehrer?   ○ Ja, das ist _____ Lehrer.
5. ● Sind das die Taschen von Caro und Julia?   ○ Ja, das sind _____ Taschen.
6. ● Ist das _____ Klasse, Herr Hauser?   ○ Ja, das ist _____ Klasse. Warum?

c **Meine Geschwister und ich – Lies die Sätze und kreuze den richtigen Possessivartikel an.**

Ich bin Janina. Mein Bruder heißt Alex. (1) ☐ Sein ☐ Ihr Hobby ist Skaten. Meine Schwester heißt Larissa. (2) ☐ Ihre ☐ Seine Freunde sagen einfach Lissy. (3) Alex und ☐ ihre ☐ seine Freunde machen viele Videos. (4) „☐ Unsere ☐ Eure Filme sind im Internet.", sagt Alex. (5) Ich finde: ☐ Unsere ☐ Ihre Filme sind ganz cool. (6) Und was machen ☐ eure ☐ ihre Geschwister? Wie sind sie?

4 a Lies die E-Mail von Ida und beantworte die Fragen. Schreib ins Heft.

1. Wo wohnt Ida?
2. Wie heißt ihre Schule?
3. Wie viele Geschwister hat Ida?
4. Was sind ihre Hobbys?
5. Wer ist Hasso?
6. Wen sucht Ida?

✉

Hallo Leute,

ich bin Ida. Ich bin 14 Jahre alt und ich wohne in Kopenhagen. Das ist die Hauptstadt von Dänemark. Ich lerne in der Schule Deutsch. Ich gehe in eine deutsch-dänische Schule und wir haben Unterricht auf Deutsch und auf Dänisch. Meine Schule heißt Sankt Petri Schule.

Meine Familie und ich leben im Zentrum von Kopenhagen. Meine Familie, das sind mein Vater und meine Mutter, meine zwei Schwestern Ella (12) und Stina (10) und mein Bruder Lasse (5). Und natürlich Hasso, das ist unser Hund. Bei uns ist es immer laut und lustig. Meine Hobbys sind malen, Hiphop und Beach-Volleyball.

Ich möchte E-Mails auf Deutsch schreiben und auf Deutsch skypen. Macht ihr mit? Ich suche einen Partner oder eine Partnerin für Deutsch. Bitte antwortet.

Liebe Grüße, Ida

---

b Antworte Ida. Schreib zu den folgenden Fragen.

Wie heißt du? Wie alt bist du? Wer sind deine Eltern / deine Geschwister?
Was sind deine Hobbys? Wo wohnst du?

5 a Welche Form ist richtig? Markiere.

1. ● Hi Paul. Wie findest du meinen/ mein /meine Handy?
   ○ Cool.
2. ● Hallo, Frau Klein. Wir suchen unseren/unser/unsere Ball. Ist er hier?
   ○ Nein, tut mir leid. Euren/Euer/Eure Ball sehe ich nicht.
3. ● Wir wohnen in der Annastraße.
   ○ Ich weiß. Ich kenne euren/euer/eure Haus.
4. ● Machst du deinen/dein/deine Hausaufgaben?
   ○ Ja, ja, gleich.
5. ● Nimmst du den Bus um 13 Uhr?
   ○ Nein, ich rufe meinen/mein/meine Onkel an. Er holt mich ab.
6. ● Die Klasse 8a sucht ihren/ihr/ihre Lehrer.
   ○ Herrn Hauser? Ich rufe ihn gleich an.
7. ● Sonja hat eine Band. Sie schreibt und singt ihren/ihr/ihre Lieder selbst.
   ○ Das ist echt super!
8. ● Marc ist der Bruder von Ben. Kennst du seinen/sein/seine Bruder?
   ○ Nein.

Nominativ:
euer Ball
→ Akkusativ:
euren Ball

Tipp!

b Nominativ oder Akkusativ? Ergänze und schreib Antworten wie im Beispiel.

1. ● Ist das d_ein_____ Füller?
   ○ Ja, das ist m_ein_____ Füller.
2. ● Nehmt ihr e_____ Rucksäcke mit?
   ○ Ja, wir nehmen _____.
3. ● Ist das e_____ Direktor?
   ○ Ja, _____.
4. ● Habt ihr m_____ Bleistift?
   ○ Nein, wir _____.
5. ● Sind d_____ Eltern nett?
   ○ Ja klar, _____.
6. ● Triffst du heute d_____ Freund?
   ○ Ja, _____.

6

a   Welches Tier ist das? Schreib die Tiernamen mit Artikel.

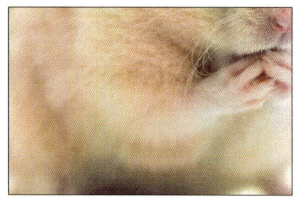 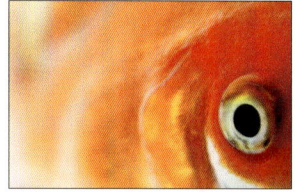 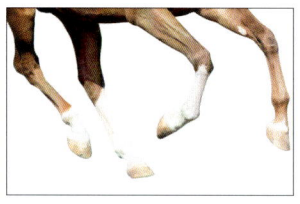 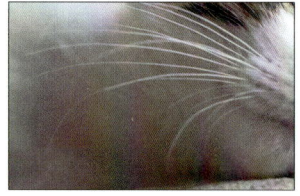

1. _der Hamster_   2. _____   3. _____   4. _____

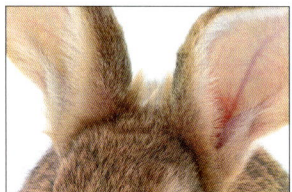  

5. _____   6. _____   7. _____

 1.30

b   Tina und ihre Tiere – Was erzählt Tina? Hör und schreib die Informationen in die Tabelle.

	Fee	**Pfiffi**	**Lilli**	**Benny, Balu**	**Lina**
Tier					
Alter	drei				✕
Lieblingsspielzeug	✕			✕	✕
Lieblingsessen					

 1.30

online **3**

c   Hör noch einmal und verbinde. Schreib dann die Sätze.

1. Fee   A Lieblingsspielzeug ist der Ball.   _____

2. Lilli   B Lieblingswort ist Banane.   _____

3. Balu   C Vater mag das Pferd nicht.   _____

4. Tina   D Bruder heißt Benny.   _____

5. Lina   E Stall steht im Garten.   _Linas Lieblingswort ist Banane._

d   Tinas Tiere – Was ist für wen? Schreib Sätze.

1. Leckerlis → Hund Pfiffi   _Die Leckerlis sind für ihren Hund Pfiffi._

2. Äpfel → Pferd Fee   _____

3. Ball → Katze Lilli   _____

4. Salat → Hamster Benny und Balu   _____

5. Bananen → Papagei Lina   _____

7 a Welche Berufe sind das? Schreib die Berufe zu den Fotos.

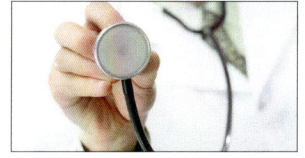

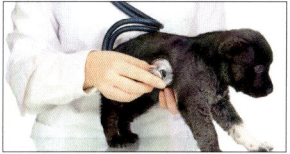

1. der Bäcker / die Bäckerin   2. _____   3. _____   4. _____

5. _____   6. _____   7. _____   8. _____

9. _____   10. _____   11. _____

b Welche Wörter passen zu welchem Beruf? Es gibt mehrere Möglichkeiten.

✦ das Brot ✦ reparieren ✦ der Unterricht ✦ die Pizza ✦
✦ der Text ✦ die Spaghetti ✦ malen ✦ das Haustier ✦ kochen ✦
✦ das Bild ✦ das Büro ✦ die Klinik ✦ planen ✦ der Computer ✦
✦ das Haus ✦ der Kuchen ✦ der Termin ✦ die Farbe ✦ backen ✦
✦ telefonieren ✦ das Auto ✦ die Firma ✦ der Motor ✦ bauen ✦
✦ das Brötchen ✦ die Schule ✦ die Klasse ✦ lernen ✦

planen

der Architekt

c Wähle einen anderen Beruf und schreib passende Wörter dazu.

8 a Sag mal ... *oder*-Fragen – Ergänzt die Fragen zu zweit.

1. Was isst du gern? Pizza oder _____?

2. Was spielst du? Basketball oder _____?

3. Was hörst du? Pink oder _____?

4. Wen magst du? Bruno Mars oder _____?

5. Wo machst du Ferien? In Italien oder _____?

6. Wen besuchst du? Deine Oma oder _____?

b Tauscht mit euren Nachbarn. Lest die Fragen erst leise, dann laut. Fragt und antwortet abwechselnd. Achtet auf die Intonation.

c Wählt vier Fragen aus 8a. Fragt euren Lehrer / eure Lehrerin.

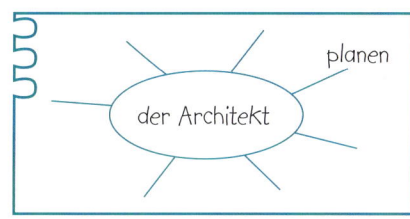

Was essen Sie gern? Pizza ...

9 Hör die Situationen und lies die Sätze. Was sagen die Eltern? Ordne zu.

✦ A Mach die Musik leise! ✦ B Seid ruhig! ✦ C Räum auf! ✦ D Streitet nicht! ✦

Situation 1: _____   Situation 2: _____   Situation 3: _____   Situation 4: _____

10 **a** Zu wem sagst du das? Verbinde.

online
4

Erklären Sie das bitte!

Komm mit!

Hört auf!

Geben Sie bitte keine Hausaufgaben!

Ruft später an!

Sei leise!

b Ergänze die Tabelle. Die Sätze in 9 und 10a helfen.

du-Form	ihr-Form	Sie-Form
Mach die Musik leise!	Macht die Musik leise!	Machen Sie die Musik leise!
Erklär das bitte.		
		Seien Sie ruhig!
Ruf später an!		
	Kommt mit!	
Streite nicht!		Streiten Sie nicht!

Verben mit der Endung **-ten** und **-den**, z. B. streiten, finden:

du streitest → streite̶s̶t̶
ihr streitet → streite̶t̶

Tipp!

c Was sagen die Personen? Ergänze.

 **1**

 **2**

 **3**

_____ nicht so viel fern!   _____ das her!   _____ Matti das Buch vor.

 **4**

 **5**

 **6**

_____ in die Bäckerei und   _____ nicht so viel Pizza!   _____ nicht so lange, Mama.

_____ zehn Brötchen.

d Oh je! Was können die Personen machen? Schreib je fünf Tipps ins Heft.

✦ ~~ins Bett gehen~~ ✦ Tee trinken ✦ ~~keine Schokolade essen~~ ✦ viel schlafen ✦ nicht so viel fernsehen ✦
✦ Suppe essen ✦ Obst essen ✦ nicht in die Schule gehen ✦ Zimmer aufräumen ✦ Wasser trinken ✦

	A	B
1.	Iss keine Schokolade!	Geht ins Bett!

11

online 5

a Nein? Doch! – Lies die Fragen. Antworte mit *Ja, Nein* oder *Doch*.

1. Ist dein Vater kein Techniker? 👍 _Doch, er ist Techniker._

2. Schreibst du keine Briefe? 👎 _____

3. Hörst du nicht gern laut Musik? 👍 _____

4. Heißt dein Bruder Julian? 👍 _____

5. Magst du keine Katzen? 👎 _____

b Ergänze *ein/eine, kein/keine* oder *nicht*.

1. ● Hast du __keine__ Schwester?

   ○ Doch! Ich habe _____ Schwester.

2. ● Ist das kein Kaninchen?

   ○ Nein, das ist _____ Kaninchen.

3. ● Kommst du _____ mit ins Kino?

   ○ Doch, ich komme mit.

4. ● Möchtest du kein Brötchen?

   ○ Doch, ich möchte _____ Brötchen.

12 **Lernen – üben – spielen. Finde sieben Wörter zum Thema Familie und Beruf. Notiere die Wörter mit Artikel und ergänze die fehlenden Buchstaben. Was ist das Lösungswort?**

G	R	O	ß³	U	T	T	E	R
P	O⁵	I	Z	I	S	T	G	N
A	L	B	S	C	K	N	S	I	E
F	R	O	N	O	A	L	F	A	O
T	J	K	A	U¹	M	A	N	N
²U	V	F	S	U	B	N	R	K
N	E	A	S⁴	H	A	O	B	⁷
T	E	C	H	N⁶	K	E	R	L
E	O	A	H	E	S	L	U	Z	W

Lösungswort: | 1 | 2 | 3 | 4 | 5 | 6 | 7 |

Wichtige Wörter

Seite 53

der **Beruf**, -e _____

der **Techniker**, - _____

der **Arzt**, Ärzte _____

die **Ärztin**, -nen _____

die Klinik, -en _____

das **Haus**, Häuser _____

die **Katze**, -n _____

blöd _____

verheiratet _____

erinnern _____

Wem? _____

Familie

die **Eltern** (Pl.):   der **Vater**, Väter (Papa)
                  die **Mutter**, Mütter
                  (Mama)

das **Kind**, -er: der **Sohn**, Söhne
                  die **Tochter**, Töchter

die **Geschwister** (Pl.): der **Bruder**, Brüder
                  die **Schwester**, -n

der **Onkel**, -   die **Tante**, -n
der **Cousin**, -s   die **Cousine**, -n

die **Großeltern** (Pl.): der **Großvater**,
                  Großväter (Opa)
                  die **Großmutter**,
                  Großmütter (Oma)

das **Enkelkind**, -er

Seite 54

der/die **Verwandte**, -n _____

der **Nachbar**, -n _____

herzlich willkommen _____

der **Hund**, -e _____

lieb

Seite 55

drin sein _____

das **Fahrrad**, Fahrräder _____

nett _____

schwer _____

traurig _____

Warum? _____

weg _____

das **Spiel**, -e _____

berichten _____

der **Garten**, Gärten _____

leben _____

perfekt _____

Possessivartikel

mein, meine   **unser**, unsere
dein, deine   **euer**, eure
sein, seine   **ihr,** ihre
ihr, ihre   **Ihr,** Ihre

Seite 56

bekommen _____

für _____

das **Tier**, -e _____

das Haustier, -e _____

der Hamster, - _____

das Kaninchen, - _____

der Papagei, -en _____

das Futter _____

die Karotte, -n _____

das Spielzeug, -e _____

die Hundeleine, -n _____

der Stall, Ställe _____

kaputt

Seite 57

der **Architekt**, -en _____

der **Bäcker**, - _____

der **Ingenieur**, -e _____

die **Kauffrau**, -en _____

der **Kaufmann**,
Kaufmänner _____

der **Koch**, Köche _____

die **Köchin**, -nen _____

der **Künstler**, - _____

der Mechatroniker, - _____

der **Polizist**, -en _____

der **Sekretär**, -e _____

der Tierarzt, Tierärzte _____

die Tierärztin, -nen _____

der **Chef**, -s _____

die **Firma**, Firmen _____

der **Termin**, -e _____

männlich _____

weiblich _____

natürlich _____

planen _____

die Chips (Pl.) _____

selbst _____

Seite 58

auf|hören _____

auf|räumen _____

das Chaos _____

chatten _____

doch *(Räumst du nicht
auf? – Doch.)* _____

gucken _____

geben *(er/es/sie gibt)* _____

her|geben *(er/es/sie
gibt her)* _____

lassen *(er/es/sie lässt)
(Lass das!)* _____

Oh, Mann! _____

ruhig *(Sei ruhig!)* _____

streiten _____

verliebt _____

das **Zimmer**, - _____

zu|machen *(die Tür zu-
machen)* _____

allein _____

der Blödmann, Blöd-
männer _____

die **Geschichte**, -n _____

noch mal _____

weiter|gehen
*(Wie geht die
Geschichte weiter?)* _____

Seite 59

auf|machen _____

reagieren _____

die **Lust** *(Ich habe keine
Lust.)* _____

filmen _____

Was kann ich?

1 **Ich kann über meine Familie und Verwandten sprechen und schreiben.** ☺ ☺ ☹
→ KB/ÜB A2, A5

Meine Eltern heißen _____ und _____.

Sie sind _____ und _____ Jahre alt. Ich habe _____ Geschwister.

Meine Großeltern wohnen in _____.

2 **Ich kann Informationen über Haustiere geben.** ☺ ☺ ☹
→ KB/ÜB A6

Johanna hat _____ Haustiere, ihren _____ Wuschel

und ihr _____ Filu. Wuschels Lieblingsspielzeug ist

ein _____. Filu isst sehr gern _____.

3 **Ich kann über Berufe sprechen.** ☺ ☺ ☹
→ KB/ÜB A7

1. Eine _____ plant Häuser.

2. Termine für die Chefin macht der _____.

3. Ein _____ malt Bilder.

4. In der Klinik arbeiten viele _____.

4 **Ich kann Anweisungen verstehen und geben.** ☺ ☺ ☹
→ KB/ÜB A9, A10

🎧 1.32 **a** **Welcher Satz passt zu welchem Bild? Hör und ordne zu.**

| **A** | **B** | **C** | **D** |

Satz: _____   Satz: _____   Satz: _____   Satz: _____

b **Gib Anweisungen. Benutze den Imperativ in der *du-*, *ihr-* und *Sie*-Form.**

✦ vorlesen ✦ das Buch aufmachen ✦ das Bild ansehen ✦ Pause machen ✦

5 **Ich kann auf negative Fragen reagieren.** ☺ ☺ ☹
→ KB/ÜB A11

Hast du keine Zeit?

Nein, leider nicht.

Doch, natürlich.

Spielst du nicht gern Tennis?
Lernst du kein Deutsch?
Möchtest du keine Pizza?

So lerne und übe ich

6 **Ich lerne Wörter in Paaren.** ☐ manchmal ☐ oft ☐ nie

1. der Arzt – _____

2. die Tante – _____

3. die Kauffrau – _____

4. unser – _____

Hören Teil 1

1

a **Lies die Aussagen und hör dann die Nachricht am Telefon. Kreuze die richtigen Lösungen an.**

1. Pia kommt heute   ☐ a um eins.   ☐ b um drei.   ☐ c um halb fünf.

2. Pia ist jetzt   ☐ a in der Schule.   ☐ b bei Isabell.   ☐ c zu Hause.

b **Lies jetzt die Nachricht. Sind deine Antworten in 1a richtig? Kontrolliere.**

> Hi Mama, hier ist Pia. Du, ich komme heute nicht um eins nach Hause. Mach dir keine Sorgen. Ich bin noch in der Schule. Ich habe am Nachmittag Englisch. Die Schule geht dann bis drei. Ich gehe dann noch kurz zu Isabell. Sie gibt mir ein Buch. Ich bin dann so um halb fünf zu Hause. Bis dann! Tschüs!

> **Strategie**
> Achtung! Alle Informationen kommen in den Nachrichten vor. Aber nur eine ist richtig.

2

a **Lies die Anweisung aus der Prüfung. Wie ist der Ablauf? Nummeriere.**

> Lies die Aufgaben 1 und 2.
> Jetzt hörst du die **erste** Nachricht am Telefon.
> Du hörst die erste Nachricht **noch einmal.**
> Markiere **dann** die Lösung zu Aufgabe 1 und 2.

___ eine Nachricht hören
___ zwei Aufgaben lesen
___ die Nachricht das zweite Mal hören
___ die Antworten ankreuzen

b **Jetzt wie in der Prüfung:**

Lies die Aufgaben 1 und 2.

1. Mika trifft Julian

☐ a am Dienstag.   ☐ b am Donnerstag.   ☐ c am Samstag.

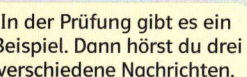
> In der Prüfung gibt es ein Beispiel. Dann hörst du drei verschiedene Nachrichten.
>
> Tipp!

2. Am Wochenende möchten Mika und Julian zusammen

☐ a Fußball spielen.   ☐ b schwimmen.   ☐ c lernen.

Jetzt hörst du die **erste** Nachricht am Telefon.
Du hörst die erste Nachricht **noch einmal.**
Markiere **dann** die Lösung zu Aufgabe 1 und 2.

Lies die Aufgaben 3 und 4.

3. Bruno ist

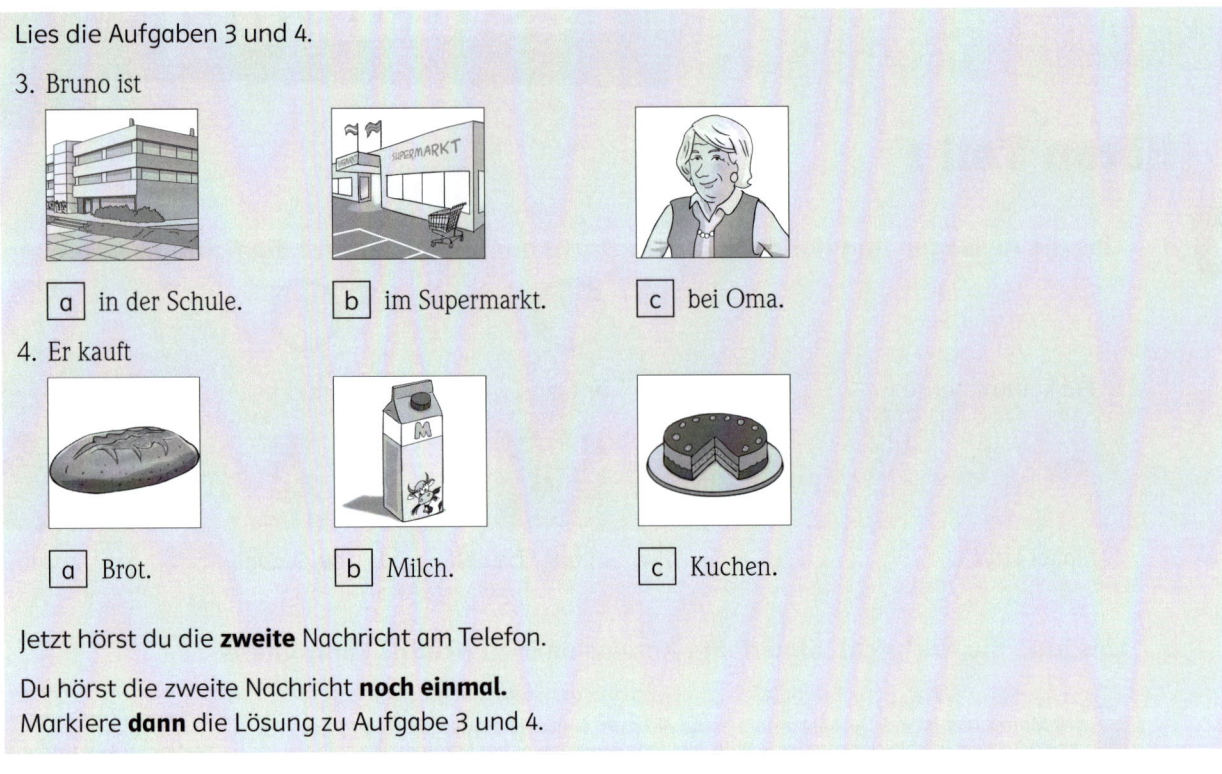

| a | in der Schule. | b | im Supermarkt. | c | bei Oma. |

4. Er kauft

| a | Brot. | b | Milch. | c | Kuchen. |

Jetzt hörst du die **zweite** Nachricht am Telefon.

Du hörst die zweite Nachricht **noch einmal.**
Markiere **dann** die Lösung zu Aufgabe 3 und 4.

Schreiben

3 **a** **Lies die E-Mail. Zu welchen Themen schreibt die Person? Markiere in der Liste und sortiere.**

Hi,

ich bin Lucy. Ich wohne mit meiner Familie in Boston, in den USA. Ich bin 13. Mein Lieblingsfach ist Deutsch. Mathe mag ich nicht. Was magst du? Ich habe zwei Geschwister. Mein Bruder Nat ist 6 und meine Schwester Virginia ist 11 Jahre alt. Hast du Geschwister? Wir haben auch einen Hund, Jamie. Magst du Tiere?

Viele Grüße, Lucy

| Tiere ___ | Wohnort ___ | Schulfächer ___ | Lieblingsessen ___ | <mark>Name</mark> _1_ |
| Familie ___ | Hobbys ___ | Land ___ | Alter ___ | Sport ___ |

b **Sieh die Themenliste aus 3a an. Was schreibst du Lucy? Schreib ins Heft.**

c **Was schreibst du am Anfang von deiner E-Mail, was am Ende? Ordne.**

Name:
Wohnort:
...

✦ Liebe/Lieber . . . ✦ Viele Grüße ✦ Hi ✦ Bis bald ✦
✦ Tschüss ✦ Hallo ✦ Liebe Grüße ✦

Strategie

Du schreibst eine E-Mail. Vergiss die Anrede am Anfang und den Gruß am Ende nicht.

4 **Schreib eine Antwort an Lucy. Schreib etwa 30 Wörter.**

Hast du etwas Zeit für mich?

7

1 **a** **Sieh die Fotos an. Was machen die Jugendlichen in ihrer Freizeit? Ordne die Verben zu.**

✦ lesen ✦ schreiben ✦ spazieren gehen ✦ besuchen ✦ aufräumen ✦ essen ✦ malen ✦ spielen ✦ fahren ✦

Bücher _____

Klarinette _____

Bilder _____

Skateboard _____

mit Bello _____

mit der Familie _____

Opa _____

Nachrichten _____

zu Hause _____

online
1

b **Welche Nomen passen noch zu den Verben in 1a? Ergänze mindestens drei Nomen.**

essen: *eine Pizza, ...* _____

besuchen: _____

spielen: _____

lesen: _____

2 a „Unsere AGs" – Eine Schülerzeitung stellt AGs vor. Lies die Texte und ergänze die Informationen.

Wir sind „*Die Reporter*" und wir stellen euch heute zwei AGs vor:

 **Koch-AG:** Hausaufgaben in der Schule machen … und dann? Dann könnt ihr zur Koch-AG gehen. Am Mittwoch von 14 bis 15 Uhr geht die AG in die Schulküche. Du kannst nicht kochen? „Das stimmt nicht", sagt die Lehrerin. „Alle können Brötchen, Salate oder tolle Shakes mit Milch, Saft oder Eis machen." Und wie finden die Schüler die AG? Cool, super, lecker. Aber die Küche aufräumen ist blöd.

AG Inline-Skaten: Inline-Skaten ist ein Trendsport. Schnell und cool. Du bist kein Sport-Typ? Kein Problem! Hier kannst du skaten lernen und viel üben. Und die Lehrer können viele Tipps geben. Die Gruppe übt jeden Dienstag von 13:30 bis 14:15 Uhr in der Sporthalle.

	Koch-AG	AG Inline-Skaten
Wo?	in der Schulküche	in der …
Wann?		
Was kann ich machen?		

b Arbeitet zu zweit. Stellt euch gegenseitig eine AG aus 2a vor. Alles richtig?

1. Meine AG heißt …
2. Die AG trifft sich in …
3. Die Schüler treffen sich am … / von … bis …
4. Du lernst … / machst …

3 a Welches Verb passt? Kreuze an.

1. Paul und Luke ☐ könnt ☐ können surfen lernen.
2. Ich ☐ können ☐ kann nicht gut singen.
3. Du ☐ kannst ☐ kann den Schulgarten besuchen.
4. Die Mädchen ☐ kann ☐ können im Club boxen.
5. Wann ☐ kannst ☐ kann du bei der Feuerwehr trainieren?
6. ☐ Können ☐ Könnt ihr beim Chor mitmachen?
7. Boris ☐ kann ☐ kannst super Basketball spielen.
8. Wann ☐ können ☐ könnt wir die Lieder üben?

b **Kannst du laufen, singen, …? – Schreib die Fragen und antworte.**

1. surfen – du – können – ?

   Kannst du surfen? ☹ _Nein, ich kann nicht surfen._

2. Klavier spielen – du – können – ?

   _____ ☺ _____

3. wann – wir – heute – Mathe lernen – können – ?

   _____ 🕐 _____

4. kochen – können – was – du – ?

   _____ 🍲 _____

5. um 15 Uhr – wir – können – ins Kino gehen – ?

   _____ ☺ _____

c **Suche und markiere fünf Fragen mit _können_.**

kannstdugitarrespielenkannstduheuteinsschwimmbadkommenwannkönnenwirins
kinogehenkannmariegutfußballspielenkannstduamsonntaglangeschlafenwerkannguttanzen

d **Mini-Dialoge – Schreib die Fragen aus 3c und eine passende Antwort.**

● Kannst du Gitarre spielen?   ○ Nein, ich kann nicht Gitarre spielen.

4

a **Welche Sätze passen zusammen? Verbinde.**

1. Was willst du trinken?   A Wir wollen im Café ein Eis essen.

2. Will Sandra heute nicht lernen?   B Ein Wasser, bitte.

3. Wann wollen wir die Party machen?   C Sie finden die Theater-AG super.

4. Wollt ihr heute Oma anrufen?   D Ach nee! Ich will grillen!

5. Was wollt ihr am Nachmittag machen?   E Ja, heute Abend.

6. Wo wollen Pia und Lara mitmachen?   F Nein, sie will schwimmen gehen.

7. Wollen wir heute Salat essen?   G Am Samstag.

 b **Sprecht die Mini-Dialoge aus 4a zu zweit.**

online 2

c Schreib die Sätze mit *wollen*. Ergänze die richtige Form.

✦ willst ✦ ~~will~~ ✦ wollt ✦ will ✦ wollen ✦ will ✦

1. Paula in die Stadt gehen.   *Paula will in die Stadt gehen.*

2. Ich Max im Park treffen.   _____

3. Was ihr heute Abend machen?   _____

4. Wann Maria zum Training fahren?   _____

5. Am Samstag wir zur Party gehen.   _____

6. Du mitkommen?   _____

d Ergänze die Tabelle. Übung 3a und 4a helfen.

	können	wollen
ich		
du		
er/es/sie		
wir		
ihr		
sie/Sie		

online 3

e *können* oder *wollen*? Schreib passende Antworten.

1. Nein, Max kann nicht mitkommen. Er hat kein Geld.

2. Ich ...

5 **a** **Ellas Party – Hör den Dialog. Welche Informationen fehlen Salma? Ergänze die Notizen.**

(2.02)

Ellas Party

Wann?   Sonntag, um ...

Was mitbringen? _____

Wie zur Party? _____

online 4

b **Einladungen schreiben – Was passt wo? Ordne zu.**

✦ um Antwort bitten ✦ Gruß ✦ Essen ✦ Zeit ✦ Aktivitäten ✦ Ort ✦ Anrede ✦

1 _____
Hallo …
Liebe / Lieber …

2 _____
Ich feiere zu Hause / im Garten …
Die Adresse ist …

3 _____
Ich feiere am Montag.
Die Party fängt um … Uhr an.

4 _____
Wir spielen Spiele.
Wir machen einen Ausflug.
Wir gehen ins Kino.

5 _____
Meine Eltern machen Kuchen / backen Pizza / …
Es gibt Essen vom Grill / Salat / Hamburger / …

6 um Antwort bitten
Kannst du kommen?
Bist du dabei?
Schreib bitte eine Antwort.
Ruf mich bitte an. Meine Handynummer ist …

7 _____
Liebe Grüße,
Viele Grüße,

c **Eine Einladung für deinen Geburtstag – Notiere Informationen zu den Fragen.**

1. Für wen ist die Einladung? _____

2. Wo ist die Party (Adresse)? _____

3. Wann feierst du (Tag, Uhrzeit)? _____

4. Was wollt ihr machen: spielen, tanzen, …? _____

5. Was esst ihr? _____

6. Wie können deine Freunde antworten (Telefonnummer)? _____

d **Schreib die Einladung mit deinen Informationen. Die Sätze aus dem Kasten in 5b helfen.**

6 **Zusagen und Absagen für Ella aus 5a – Schreib die Sätze in der richtigen Reihenfolge.**

Absage ☹
Sie hat auch Geburtstag (70 Jahre!).
Ich kann leider nicht kommen.
Hallo Ella,
danke für die Einladung.
Ich besuche meine Oma.
Liebe Grüße,
Pia

Zusage ☺
vielen Dank für die Einladung.
Viele Grüße,
Karim
Ich komme sehr gerne.
Liebe Ella,

Hallo Ella,
danke für …

7 a Verben mit Akkusativ – Markiere sieben Verben im Rätsel. Ergänze dann die Sätze.

1. ● Kennst du Kim?

   ○ Ja, klar. Ich ___finde___ sie sehr nett.

2. ● Wo ist Ole? Wir _____ ihn schon 10 Minuten.

3. ● Mam na imię Pavel.

   ○ Tut mir leid. Ich _____ dich nicht.

4. ● Lars und Ben sind auf dem Schulhof.

   ○ Wo denn? Ich _____ sie nicht.

5. ● Wir haben eine neue Wohnung.

   ○ Echt? Kann ich euch mal _____?

6. ● Wann _____ du Kim und Marie?

   ○ Morgen. Sie kommen auch zum Training.

7. ● Wo ist mein Wörterbuch?

   ○ Hier. Ich _____ es.

8. ● Wer ist der Mann? Ein Lehrer?

   ○ Keine Ahnung. Ich _____ ihn nicht.

	A	B	C	D	E	F	G	H	I	J
1	f	l	l	w	k	h	s	s	p	k
2	i	a	l	z	l	x	e	j	s	e
3	n	b	e	s	u	c	h	e	n	n
4	d	y	s	a	a	ü	e	s	i	n
5	e	d	ö	w	p	h	n	u	q	e
6	n	d	i	f	s	g	m	c	g	n
7	g	s	j	c	b	r	r	h	c	x
8	t	r	e	f	f	e	n	e	f	v
9	h	a	b	e	n	n	v	n	o	y
10	v	e	r	s	t	e	h	e	n	ä

online 5

b Lies die Sätze in 7a und markiere die Personalpronomen im Akkusativ. Ergänze dann die Tabelle.

Nominativ	Akkusativ	Nominativ	Akkusativ
ich	mich	wir	uns
du		ihr	
er		sie	
es		Sie	Sie
sie			

c Lies die Fragen und Antworten. Welches Pronomen passt? Markiere.

1. ○ Rufst du Marie an?   ● Nein, ich rufe sie/ihn nicht an.

2. ○ Kaufst du das Handy?   ● Nein, ich kaufe es/ihn nicht.

3. ○ Magst du die Musik von Mark Forster? ● Nein, ich mag es/sie nicht.

4. ○ Ein Geschenk für mich! Danke!   ● Nein, das ist nicht für ihn/dich.

5. ○ Kennt ihr die Fantastischen Vier?   ● Nein, wir kennen euch/sie nicht.

6. ○ Kaufen eure Eltern ein Pferd für euch? ● Nein, sie kaufen kein Pferd für sie/uns.

7. ○ Trifft deine Mutter den Lehrer?   ● Nein, sie ruft ihn/Sie an.

8. ○ Suchst du mich?   ● Nein, ich suche dich/euch nicht.

9. ○ Könnt ihr uns abholen?   ● Nein, wir können euch/sie nicht abholen.

d **Welches Pronomen passt? Ordne die Pronomen aus dem Kasten zu. ‹oder› Ergänze frei.**

1. ○ Wie findest du <u>die Party</u>?
2. ○ Kaufst du <u>das Geschenk</u>?
3. ○ Ich finde <u>die Musik</u> klasse.
4. ○ Ah, da kommen <u>Marie und Lukas</u>.
5. ○ Kennst du <u>das Spiel „Orangentanz"</u>?
6. ○ Hey, <u>Salma und Tom</u>! Wollt ihr nach Hause?
   Wir können _____ mitnehmen.
7. ○ <u>Lukas! Henri</u>! Wo seid ihr?
8. ○ Mag Marie <u>Lars</u>?

● Ich finde ___sie___ super!
● Ja, ich kaufe _____ heute.
● Echt? Ich finde _____ langweilig.
● Wo? Ich sehe _____ nicht.
● Oh ja, ich kenne _____. Peinlich!
● Ja. Danke!
● Kim! Wir sind hier! Suchst du _____?
● Vielleicht … Sie findet _____ ganz nett.

| sie es euch ihn es sie sie sie uns |

e **Wann triffst du …? – Antworte mit Pronomen im Akkusativ.**

heute

morgen

jetzt

um 18 Uhr

1. Wann besuchst du deine Großeltern?
2. Wann triffst du deinen Freund?
3. Wann siehst du deine Tante?
4. Wann rufst du uns an?
5. Wann besuchst du deine Nachbarn?
6. Wann kaufst du das Computerspiel?
7. Wann machst du die Hausaufgaben für Chemie?

immer

am Sonntag

abends

…

1. Ich besuche sie am Sonntag.

8 (2.03) **Sag mal … *s* oder *sch*? – Hör und lies das Gedicht. Achte auf die Laute *s* und *sch*. Lies dann laut.**

Sprich mir nach,
es i**st** nicht **sch**wer.

Straße, **Sp**ort,
sprechen, **Sp**iel und mehr.

Li**st**e, Te**st** und le**st**,
kann**st**, will**st** oder geh**st**.

Einmal **sp**rich**st** du SCH am **St**art,
einmal **sp**rich**st** du S ganz hart.

9 **Lernen – üben – spielen. Arbeitet zu zweit. Was kannst du? Was kannst du nicht? Fragt und antwortet.**

A

Frag deinen Partner / deine Partnerin:
kochen, Skateboard fahren, ein Lied singen, boxen

Dein Partner / Deine Partnerin fragt. Antworte. Das kannst du (nicht):
☺ Kuchen backen, Theater spielen
☹ schwimmen, gut malen

B

Dein Partner / Deine Partnerin fragt. Antworte. Das kannst du (nicht):
☺ Skateboard fahren, ein Lied singen
☹ kochen, boxen

Frag deinen Partner / deine Partnerin:
Kuchen backen, gut malen, Theater spielen, schwimmen

Kannst du kochen?

Nein, ich …
Kannst du …?

Wichtige Wörter

Seite 67

ẹtwas *(Hast du etwas Zeit für mich?)* _____

Hịphop _____

kọnnen *(er/es/sie kann)* _____

lạngweilig _____

rẹiten _____

das Schlạgzeug, -e _____

das Schụlfest, -e _____

das Skạteboard, -s _____

tạnzen _____

das Tạnz-studio, -s _____

topfit _____

das Ergẹbnis, -se _____

Seite 68

die AG, -s _____

die **Ạrbeit** *(Der Garten macht viel Arbeit.)* _____

die **Blụme**, -n _____

drạußen _____

ạlso *(Also, ich möchte später bei der Feuerwehr arbeiten.)* _____

das Feuer, - _____

die Feuerwehr, -en _____

freiwillig _____

die **Hịlfe**, -n _____

die Prạxis _____

die Theoriẹ _____

der Prọfi, -s _____

spạ̈ter _____

das **Tẹam**, -s _____

trainiẹren _____

das **Trạining**, -s _____

der Kạmpfsport _____

bọxen _____

Karạte _____

die Konzentratiọn _____

der Respẹkt _____

stạrk _____

die Tẹchnik, -en _____

ạn|fangen *(er/es/sie fängt an)* _____

fạlsch _____

das **Progrạmm**, -e _____

die Schụ̈lerzeitung, -en _____

versụchen _____

aus|probieren _____

gefạllen *(er/es/sie gefällt)* _____

Musikrichtungen
Hịphop
Rạp
Klạssik
Rọck
Pọp

Seite 69

mit|spielen _____

zu *(Ihr seid zu klein.)* _____

mit|fahren *(er/es/sie fährt mit)* _____

die Trompete, -n _____

Seite 70

wollen *(er/es/sie will)* _____

mit|gehen _____

die **Jeans**, - _____

das **T-Shirt**, - _____

der **Park**, -s _____

die **Ruhe** _____

höflich _____

Seite 71

ein|laden *(er/es/sie lädt ein)* _____

die **Einladung**, -en _____

eingeladen sein _____

der **Geburtstag**, -e _____

feiern _____

der Grill, -s _____

der **Gruß**, Grüße *(Liebe Grüße)* _____

die Absage, -n _____

die Zusage, -n _____

dabei sein _____

leider _____

die **Nachricht**, -en _____

der **Anfang**, Anfänge _____

das **Ende**, -n *(zu Ende)* _____

enden _____

das **Gespräch**, -e _____

los *(Los, komm mit!)* _____

los sein *(Was ist los?)* _____

am besten _____

Seite 72

genervt _____

negativ _____

genau *(Ich sehe dich genau.)* _____

Mist *(Mist, wo ist mein Handy?)* _____

der **Test**, -s _____

der Trainer, - _____

Personalpronomen im Akkusativ

mich	**uns**
dich	**euch**
ihn	**sie**
es	**Sie**
sie	

Seite 73

das **Geschenk**, -e _____

mit|nehmen *(er/es/sie nimmt mit)* _____

die **Torte**, -n _____

aus|sprechen *(er/es/sie spricht aus)* _____

der **Ort**, -e _____

Seite 74

je _____

Was kann ich?

1 **Ich kann sagen, was ich (nicht) kann oder (nicht) will.** ☺ ☺ ☹
→ KB/ÜB A3, A4

✦ Skateboard fahren ✦ reiten ✦ die Küche aufräumen ✦ die Hausaufgaben machen ✦
✦ Fußball spielen ✦ gut kochen ✦

Henri kann …,
aber er will …

2 **Ich kann eine Einladung schreiben.** ☺ ☺ ☹
→ KB/ÜB A5

✦ Freitag ✦ Spiele spielen ✦ anfangen ✦ eine Antwort schreiben ✦ Pizza machen ✦ 15 Uhr ✦

Liebe/r _____,

am _____ habe ich Geburtstag und ich mache eine Party.

Die Party _____ um _____ _____.

Ich feiere zu Hause im Garten. Wir _____ und wir _____.

Kommst du? _____ oder ruf mich an.

Liebe Grüße,

_____

So lerne und übe ich

3 **Ich mache Übungen auf Karten selbst.** ☐ manchmal ☐ oft ☐ nie

mögen (+ Akk.)
Tom ist mein Freund.
Ich mag _____ sehr.

Ich mag <u>ihn / meinen
Freund</u> sehr.

Verben + Akk.
abholen, anrufen, besuchen,
einladen, finden, kennen, mögen,
sehen, suchen, treffen, …

1

online
1

a **Was ist das? Schreib die Wörter mit Artikel.**
Ergänze die Wörter auch in deiner Sprache.

1

2

3   **10**

4   **11**

5   **12**

6   **13**

7   **14**

8 der Kopf

9   **15**

b **Wie viele siehst du? Schreib die Wörter im Plural. Die Wortschatzseite hilft.**

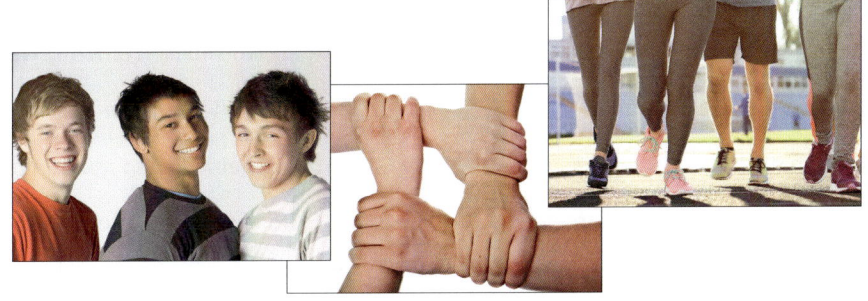

1. das Auge   –   _6 Augen_   5. die Hand   –   _____

2. das Ohr   –   _____   6. das Bein   –   _____

3. der Arm   –   _____   7. der Fuß   –   _____

4. der Finger –   _____

2

a   Hör die Gespräche und ergänze.

1. Marie ist krank. Ihr _____ tut weh. Sie kann heute nicht _____ spielen.

2. Henri hat _____. Er trinkt nur Wasser und _____.

3. Lukas geht heute nicht in die _____. Seine _____ tun weh.

b   Du bist krank – Was sagst du? Schreib die Sätze.

1    **2**    **3**

Ich habe Halsschmerzen.   _____   _____

Mein Hals tut weh.   _____   _____

c   Ordne den Dialog. Nummeriere.

_____ ● Nicht so gut.   _____ ● Vielen Dank.   _____ ○ Wie geht's?

_____ ○ Gute Besserung!   _____ ● Ich bin erkältet.   _____ ○ Was ist los?

d   Schreib eine passende Antwort. Der Redemittelkasten im Kursbuch hilft.

● Wie geht's?   ○ _____

● Was ist los?   ○ _____

● Oh, dann gute Besserung.   ○ _____

3

online
2

a   Lies die Nachrichten. Was passt zusammen? Verbinde.

1. Kommst du heute zum Training?

2. Musst du zum Arzt gehen?

3. Kommt Kim zum Training?

4. Haben wir Hausaufgaben?

5. Tim und du, ihr müsst morgen ein Referat machen, oder?

6. Bist du allein zu Hause?

A Nein, sie muss Mathe lernen.

B Ja, wir müssen einen Text schreiben.

C Ja, ich habe heute Nachmittag einen Termin.

D Ja, meine Eltern müssen arbeiten.

E Das muss Tim allein machen, ich muss im Bett bleiben. ☹

F Nein, ich bin krank. Ich muss zu Hause bleiben.

b *müssen* **oder** *dürfen*? **Was ist richtig? Kreuze an.**

1. Mein Bruder und ich sind erkältet. Wir ☐ müssen ☐ dürfen nicht joggen.

2. ☐ Müsst ☐ Dürft ihr zum Arzt gehen?

3. Ich habe Bauchschmerzen und ☐ muss ☐ darf keine Schokolade essen.

4. Jannik ist krank und ☐ muss ☐ darf keine Freunde treffen.

5. ☐ Musst ☐ Darfst du heute Hausaufgaben machen?

6. Kranke Schüler ☐ müssen ☐ dürfen keine Hausaufgaben machen.

online
3

c **Ergänze die Tabelle. Übung 3a und 3b helfen.**

	müssen	dürfen
ich		
du		
er/es/sie		
wir		
ihr		
sie/Sie		

d **Ergänze die Modalverben in der richtigen Form.**

1. Jannik _____ (dürfen) nicht in die Schule gehen.

2. Er _____ (müssen) Tabletten nehmen.

3. _____ (dürfen) ihr Jannik besuchen?

4. Hast du Halsschmerzen? Dann _____ (müssen) du viel Tee trinken.

5. Warum _____ (dürfen) wir keinen Sport machen?

6. Bist du krank? Dann _____ (müssen) deine Eltern die Schule anrufen.

e **Ich bin krank – Schreib die Sätze ins Heft.**

1. ich – wollen – treffen – meine Freunde – .

2. müssen – bleiben – ich – im Bett – .

3. ich – nicht Computer – spielen – dürfen – .

4. dürfen – nur Tee und Wasser – trinken – ich – .

5. können – telefonieren – ich – mit meinen Freunden – .

6. ich – können – lesen – ein Buch – .

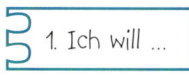 1. Ich will ...

4

a Heute ist alles gut – Schreib die Sätze positiv. Nutze den Kasten. ⬦oder⬦ Schreib frei.

Gestern ...

1. hatte ich keine Zeit.
2. hatte Ria Kopfschmerzen.
3. war es in der Schule langweilig.
4. wart ihr krank.
5. hatten wir Hausaufgaben.
6. waren Ria und Ina nicht im Orchester.
7. hattest du im Test eine Fünf.

Heute ...

1. _habe ich Zeit._
2. _____
3. _____
4. _____
5. _____
6. _____
7. _____

> keine Hausaufgaben haben   keine Kopfschmerzen haben   eine Zwei haben   gesund sein
> Zeit haben   wieder im Orchester sein   in der Schule lustig sein

online
4

b Ergänze die Verbformen in der Tabelle. Übung 4a hilft.

	Präteritum	
	sein	**haben**
ich	war	
du	warst	
er/es/sie		
wir	waren	
ihr		hattet
sie/Sie		hatten

c Ergänze die Nachricht mit _haben_ und _sein_ im Präteritum.

✉

Hallo Michi,

der Tag gestern __war__ (1) nicht lustig! Ich _____ (2) mit Freunden nach der Schule im

Park. Zuerst _____ (3) wir viel Spaß. Aber dann _____ (4) ich einen Unfall mit dem

Skateboard! Ich _____ (5) fünf Stunden im Krankenhaus. Meine Eltern _____ (6)

auch da. Sie _____ (7) Angst, aber zum Glück _____ (8) es nicht so schlimm. Mein

Bein ist okay, es tut nur noch ein bisschen weh. Und du? _____ (9) du gestern mit Jana im

Kino oder _____ (10) du keine Lust?

Bis morgen, Otto

d Michi antwortet Otto – Schreib eine Nachricht ins Heft. Achte auf die Zeitform.

✦ dein Tag wirklich schrecklich sein ✦ mein Tag gestern super sein ✦ zuerst mit Jana im Kino sein ✦
✦ der Film toll sein ✦ viel Spaß haben ✦ Jana lustig sein ✦ morgen mit Jana Pizza essen gehen ✦
✦ du morgen wieder in die Schule gehen? ✦ Bis dann ✦

5 Komposita – Verbinde die Wörter und notiere sie mit Artikel. Manchmal gibt es mehrere Möglichkeiten.

COMPUTER   NUMMER

FUSSBALL   SAFT

HANDY   SPIEL

HAUS   AUFGABE

APFEL   TASCHE

SCHUL   UNFALL

FAHRRAD   SPIELER

1. _das Computerspiel_
2. _____
3. _____
4. _____
5. _____
6. _____
7. _____

6 **a** Was passt? Verbinde die Sätze.

1. Ida bekommt Besuch.
2. Elif hat Geburtstag.
3. Emil hat Hunger.
4. Tina hatte gestern Ohrenschmerzen.
5. Jannis ist müde.
6. Otto hatte einen Unfall.

A Sie war beim Arzt.

B Sie räumt ihr Zimmer auf.

C Er ist im Krankenhaus.

D Sie macht eine Party.

E Er geht zum Schulkiosk.

F Er geht früh ins Bett.

online 5 **b** Schreib die Sätze aus 6a mit *deshalb*.

1. _Ida bekommt Besuch, deshalb räumt sie ihr Zimmer auf._
2. _____
3. _____
4. _____
5. _____
6. _____

c Der Supertag – Welcher Ausdruck passt zu welchem Bild? Ergänze die Sätze mit einem *deshalb*-Satz.

✦ Mona spät ins Bett gehen ✦ eine Party machen ✦ lange schlafen ✦
✦ die Mädchen tanzen ✦ ihre Mutter und sie ins Einkaufszentrum gehen ✦

1. Mona hat heute keine Schule, deshalb _____

2. Mona braucht Schuhe und ein Geschenk für Kathi, _____

3. Kathi hat Geburtstag, _____

4. Die Musik ist super, _____

5. Die Party war lang, _____

7 a Lies die Steckbriefe im Kursbuch. Schreib die Antwort.

1. Wann hat David Alaba Geburtstag?   *Er hat im Juni Geburtstag.*

2. Wie ist der Spitzname von Angelique Kerber?   _____

3. Welchen Sport macht Jan Hojer?   _____

4. Woher kommen Angelique Kerbers Eltern?   _____

5. Für welchen Club spielt David Alaba seit 2008?   _____

6. Wer spielt gerne Basketball?   _____

b Lies das Porträt. Notiere vier W-Fragen ins Heft.

Manuel Neuer

Manuel Neuer, Spitzname Manu, ist am 27. März 1986 geboren. Er kommt aus Gelsenkirchen und hat einen Bruder. Manuel spielt seit 1991 Fußball. Da war er fünf Jahre alt. Zuerst war er beim FC Schalke 04. 2011 ging er zum FC Bayern München. Er ist Torwart der Nationalmannschaft. 2009 war er U21-Europameister und 2014 war er Weltmeister. Seine Hobbys sind Tennis spielen, wandern und Fahrrad fahren.

1. Wie ist Manuels Spitzname?

c Arbeitet zu zweit. Fragt und antwortet.

Wie ist Manuels Spitzname?

Sein Spitzname ist Manu.

 d Profisportler-Quiz – Hör das Quiz. Wie schnell kannst du den Sportler / die Sportlerin raten?

Manuel Neuer

Angelique Kerber

Jan Hojer

David Alaba

Lösung:

Person 1: _____   Person 2: _____

8 a Wie heißt der Sport? Markiere in der Wörterschlange und ordne zu.

KLETTERNHANDBALLTENNISBASKETBALLBIATHLON**FUßBALL**SKIFAHRENVOLLEYBALLYOGATAEKWONDO

1. _Fußball_   2. _____   3. _____   4. _____   5. _____

6. _____   7. _____   8. _____   9. _____   10. _____

b Wer macht welchen Sport? Hör und ergänze die fehlenden Informationen.

Marco

Ich bin Marco und ich spiele _____. Das mache ich schon

_____ Jahre und ich gehe am _____,

_____ und Freitag zum Training. Am _____

habe ich oft ein Turnier. Mein Lieblingssportler ist _____.

Anna

Ich heiße Anna und mein Lieblingssport ist _____. Ich

_____ schon _____ Jahre. Ich habe _____

in der Woche Training. Am Wochenende trainiere ich oft alleine oder mit meinem

_____. Mein Lieblingssportler ist _____.

9 Sag mal . . . -er am Wortende – Lies die Wörter. Spricht man a oder er? Kreuze an. Hör dann zur Kontrolle.

	a	er			a	er
1. le**r**nen		×	5. Ve**r**käufer		
2. Sommer			6. Schwester		
3. Hamster			7. später		
4. ge**r**n			8. pe**r**fekt		

10 Lernen – üben – spielen. Wie heißt der erste Buchstabe?

1. ▊port, ▊ieger, ▊chüler, ▊alat   3. ▊inger, ▊ieber, ▊ilm, ▊reund, ▊reizeit

2. ▊uge, ▊rm, ▊rzt, ▊uto   4. ▊ee, ▊ablette, ▊raining, ▊ochter   **Lösung:** ▊ ▊ ▊ ▊

Wichtige Wörter

Seite 75

der **Körper**, -

der Körperteil, -e

der **Kopf**, Köpfe

das **Haar**, -e

das **Auge**, -n

die Nase, -n

das **Ohr**, -en

der **Mund**, Münder

der **Zahn**, Zähne

der **Hals**, Hälse

der **Bauch**, Bäuche

der **Rücken**, -

der **Arm**, -e

die **Hand**, Hände

der Finger, -

das **Bein**, -e

das Knie, -

der **Fuß**, Füße

die **Achtung**

fit

Seite 76

erkältet *(Ich bin erkältet.)*

das **Fieber** *(Fieber haben)*

krank

der **Schmerz**, -en

die Bauchschmerzen *(Pl.)*

die Kopfschmerzen *(Pl.)*

die Halsschmerzen *(Pl.)*

die Zahnschmerzen *(Pl.)*

weh|tun *(er/es/sie tut weh) (Mein Kopf tut weh.)*

Gute Besserung!

schlecht *(Es geht mir schlecht.)*

Seite 77

das **Bett**, -en

bleiben

das **Büro**, -s

die **Tablette**, -n

telefonieren

müssen *(er/es/sie muss)*

dürfen *(er/es/sie darf)*

der Joghurt, -s

Seite 78

die Ausrede, -n _____

Du Arme! _____

gestern _____

die Knieschmerzen (Pl.) _____

das **Krankenhaus**,
Krankenhäuser _____

nichts _____

schlimm *(Es war nicht
so schlimm.)*

der **Unfall**, Unfälle

die **Entschuldigung**, -en _____

der Husten _____

Seite 79

auf|fallen *(er/es/sie fällt
auf)* _____

das **Fest**, -e _____

der **Besuch**, -e *(Ich habe
Besuch.)* _____

deshalb _____

die Ohrenschmerzen (Pl.) _____

Seite 80

die Sportart, -en _____

Yoga

der Sportler, - _____

der **Platz**, Plätze
(1. Platz im Klettern) _____

der Sieger, - _____

der Spitzname, -n _____

das Ungeheuer, - _____

mehrmals _____

seit *(seit 3 Jahren)* _____

der Spieler, - _____

das Talent, -e _____

die **Freizeit** _____

das **Quiz**, -ze _____

Seite 81

Wie lange? _____

Wie oft? _____

der Kletterer, - _____

die **Krankheit**, -en _____

die Pantomime, -n _____

präsentieren _____

der **Tipp**, -s _____

Was kann ich?

1 **Ich kann Körperteile, Schmerzen und Krankheiten benennen.**
→ KB/ÜB A1, A2

  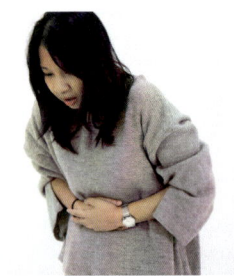 

1. Sein _____   2. Ihr _____   3. Sie hat _____   4. Er hat _____

   tut weh.   _____.   _____.   _____.

2 **Ich kann über Vergangenes sprechen.**
→ KB/ÜB A4

im Kino – Kopfschmerzen – im Eiscafé – viele Hausaufgaben

  Ich war im Kino. _____

_____

3 **Ich kann etwas begründen.**
→ KB/ÜB A6

Ich hatte Kopfschmerzen, deshalb _____

Mein Bruder hat bald Geburtstag, _____

Marie hat Hunger, _____

Felix ist krank, _____

So lerne und übe ich

4 **Ich achte auf Schlüsselwörter und markiere sie.**   ☐ **manchmal**   ☐ **oft**   ☐ **nie**

==Kim== möchte mit Marie ==ins Kino== gehen. Aber ==Marie== ist ==krank.== Sie hat Halsschmerzen und muss zum Arzt gehen.

Sie kann morgen auch nicht in die Schule gehen. Kim muss Marie dann die Hausaufgaben schicken.

Lukas schreibt am Freitag einen Test, deshalb muss er am Nachmittag lernen und hat auch keine Zeit.

Was kann Kim am Nachmittag machen? Sie spielt Fußball mit Leo und dann liest sie ein Buch.

Am Wochenende können vielleicht alle ins Kino gehen.

Zu Hause in der Stadt

1

online
1

a **Orte und Geschäfte in der Stadt – Markiere neun Wörter im Rätsel.**

B	Y	T	W	K	R	A	N	K	E	N	H	A	U	S	K	A	P
S	U	P	E	R	M	A	R	K	T	M	O	B	K	H	U	M	O
C	H	E	Q	A	B	R	O	V	N	P	S	P	R	I	B	U	S
H	A	D	N	L	W	K	C	R	E	S	T	A	U	R	A	N	T
U	B	Ä	C	K	E	R	E	I	M	N	X	R	L	Ä	N	P	F
L	S	D	H	E	B	A	H	N	H	O	F	K	Ü	L	K	E	I
E	J	B	K	N	A	U	O	S	C	H	W	I	M	M	B	A	D

b **Welche Wörter aus 1a passen zu den Bildern? Notiere mit Artikel.**

1. _die Bäckerei_ 2. _____ 3. _____ 4. _____

5. _____ 6. _____ 7. _____ 8. _____

9. _____ 10. _____

c **Welche Wörter passen zusammen? Verbinde.**

1. Geld   A lernen   B wechseln   C verschicken   4. die Tante

2. ein Paket   D kaufen   E spielen   F besuchen   5. eine Fahrkarte

3. Mathe   6. Fußball

2

a **Verkehrsmittel – Markiere die Wörter und schreib mit Artikel.**

GBUSZWMOTORRADIFZUGHKIEAUTOROAVXUBAHNPÖVFAHRRADOWLSTRAßENBAHNDSTAXIKELROLLER

1. _der Bus_ 4. _____ 7. _____

2. _____ 5. _____ 8. _____

3. _____ 6. _____ 9. _____

b **Ergänze die Sätze.**

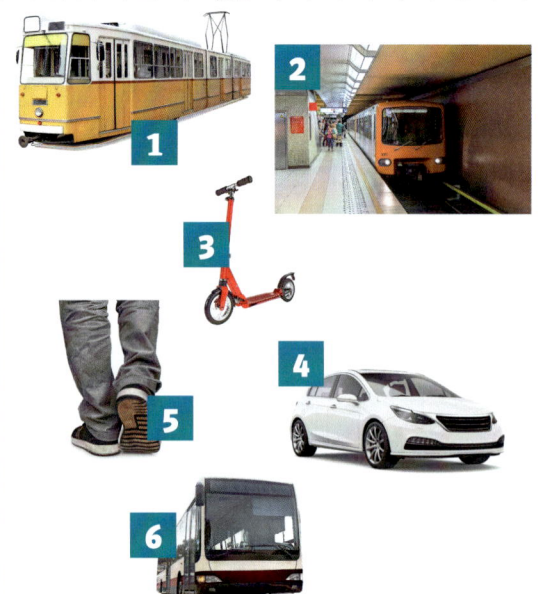

🌐 **Wie kommt ihr zur Schule?**

Kai • 15 Jahre

1 Ich fahre mit der ___Straßenbahn___.

Pia und Anne • 12 Jahre

2 Wir fahren 10 Minuten mit der _____.

Max • 11 Jahre

3 Ich fahre mit dem _____.

Maria • 13 Jahre

4 Meine Mutter fährt mich mit dem _____.

Ben • 14 Jahre

5 Mein Bruder und ich gehen _____.

Lili • 13 Jahre

6 Meine Freundin und ich fahren mit dem _____.

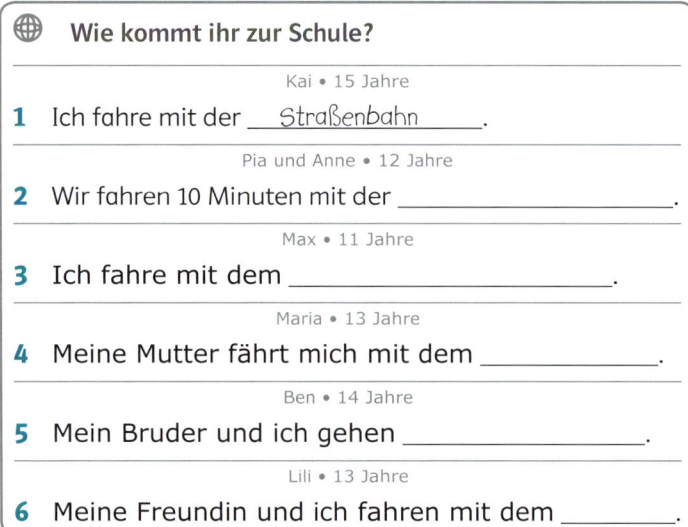

---

c **Lies die Nachrichten und markiere die Artikel im Dativ. Ergänze dann die Tabelle.**

> Hey, heute ist das Schulfest. Fahren wir mit dem Fahrrad oder mit der U-Bahn? Ich kann dich um 15 Uhr abholen.

> Mein Fahrrad ist kaputt. ☹ Ich fahre mit dem Roller, okay? Kommt Paula auch? Bis später!

Nominativ	Dativ
der	_____
das	_____
die	_____
die (Pl.)	den + n

---

d **Welcher Artikel passt? Verbinde.**

1. Frau Schmidt fährt mit

2. Die Schüler fahren mit

3. Clara fährt mit

4. Jannik fährt mit

dem   der

dem   den

Straßenbahn.
Fahrrädern.
Skateboard.
Zug.

---

e **Ergänze die bestimmten Artikel.**

1. Ich fahre heute mit _dem_ Fahrrad zur Schule.

2. Mit _____ U-Bahn fahre ich nicht oft.

3. Mein Bruder fährt immer mit _____ Motorrad.

4. Meine Eltern fahren meistens mit _____ Auto.

5. Meine Freundin muss mit _____ Zug fahren.

6. Unser Nachbar fährt oft mit _____ Taxi.

7. Die Freunde fahren mit _____ U-Bahnen U3 und U6.

8. Jannik fährt nie mit _____ Straßenbahn.

---

f **Welcher Artikel ist richtig? Markiere.**

1. ● Fährst du mit einem/einer Freund zur Schule oder allein?   ○ Ich fahre mit Max. Und du?
   ● Ich gehe mit einem/einer Freundin zu Fuß. Sie heißt Paula.

2. ● Fährst du manchmal mit einem/einer Taxi?   ○ Nein, das ist zu teuer!

3. ● Sieh mal, da ist Herr Müller mit einem/einer Roller.   ○ Das ist echt lustig.

4. ● Im Zug spreche ich morgens manchmal mit einem/einer
      Schülerin. Sie heißt Fiona und geht in die 8c.   ○ Fiona? Die kenne ich nicht.

5. ● Da kommt Frau Rakers mit einem/einer Kind. Ist das ihr Sohn?   ○ Keine Ahnung.

3 a Was ist richtig? Kreuze an.

1
Wo bist du?
Ich bin
☐ im ☐ in der
Mensa!

2
Wir sind gerade
☐ im ☐ in der
Kino. Der Film
ist sooooo
langweilig ...

3
Warum seid
ihr nicht
☐ im ☐ in der
Schwimmbad?
Es ist super hier!

4
Ich bin ☐ im
☐ in der Biblio-
thek, aber ich
kann das Buch
nicht finden. ☹

b Lies die Fragen und ergänze die Antworten.

✦ die Bank ✦ die Bibliothek ✦ das Restaurant ✦ die Apotheke ✦
✦ der Park ✦ die Schule ✦ die Bäckerei ✦ das Kino ✦

1. Wo kannst du ein Buch lesen?   _In der Bibliothek._

2. Wo kannst du eine Pizza essen?   _____

3. Wo kannst du Fußball spielen?   _____

4. Wo kannst du Geld wechseln?   _____

5. Wo musst du Mathe lernen?   _____

6. Wo kannst du Brot kaufen?   _____

7. Wo kannst du einen Film sehen?   _____

8. Wo kannst du Tabletten kaufen?   _____

c Arbeitet zu zweit. Stellt euch abwechselnd die Fragen aus 3b und antwortet.

online
2

d Wo sind die Jugendlichen? Schreib.

A

im Supermarkt

B

_____

C

_____

D

_____

E

_____

F

_____

G

_____

H

_____

e Ergänze die Nachrichten.

✦ der ✦ Krankenhaus ✦ besuche ✦ mit ✦ ~~Park~~ ✦ gleich ✦ spielen ✦

Wir sind im ___Park___ (1) und _____ (2)
Basketball und chillen. Clara und Sinan sind auch hier.
Kommst du auch oder bist du noch in _____ (3) Schule?

Ich komme _____ (4). Ich bin noch im _____ (5).
Meine Oma ist krank und ich _____ (6) sie. Aber ich bin
_____ (7) dem Fahrrad hier und kann dann schnell kommen.

4 a Was passt wo? Ordne zu.

✦ vom ✦ im ✦ ~~zum~~ ✦ beim ✦ zum ✦ aus dem ✦

Wohin geht Kim?	Wo ist Kim?	Woher kommt Kim?
___zum___ Supermarkt	_____ Supermarkt	_____ Supermarkt
_____ Arzt	_____ Arzt	_____ Arzt

b Was passt zusammen? Verbinde.

1. Es ist dreizehn Uhr. Die Schüler kommen   A in der Schule.
2. Kim ist krank. Sie war am Vormittag   B beim Arzt.
3. Kim war heute nicht   C vom Zahnarzt.
4. Am Nachmittag geht Marie   D zu Kim.
5. Lukas hatte Zahnschmerzen, deshalb kommt er   E aus der Schule.

c Was ist richtig? Kreuze an.

1. In der Müllerstraße geht Marie gerade ☒ aus dem ☐ aus der Haus.
2. Jannik fährt mit dem Fahrrad ☐ zum ☐ zur Schule.
3. Sie kommt ☐ vom ☐ von der Arzt.
4. Paula ist schon ☐ im ☐ in der Schule.
5. Mittags fahren sie zusammen ☐ zum ☐ zur Bahnhof.
6. Sie sind dann für zwei Stunden ☐ im ☐ in der Kino.
7. Um 16 Uhr kommen sie ☐ aus dem ☐ aus der Kino.
8. Dann essen sie Kuchen ☐ beim ☐ bei der Oma von Jannik.

d Am Nachmittag. Schreib die Sätze.

1. Clara – gehen – am Nachmittag – zu – die Nachbarin – . _____

2. Sinan – sein – in – die Bibliothek – und – lernen – . _____

3. Mia – fahren – mit – das Fahrrad – zu – die Post – . _____

4. Paula – sein – bei – der Arzt – . _____

5. Claras Mutter – kommen – aus – das Büro – . _____

6. Herr Müller – kommen – von – der Friseur – . _____

5 **a** **So wohne ich. Lies die Satzanfänge 1 bis 7. Ergänze dann die Sätze mit den Informationen unten ◄oder► mit deinen Informationen.**

1. Ich wohne in _____.

2. Das Haus / Die Wohnung hat _____.

3. In unserem Haus wohnt/wohnen _____.

4. Unser Haus / Unsere Wohnung ist _____.

5. In der Nähe ist _____.

6. Ich fahre _____ zur Schule.

7. Wir dürfen _____.

✦ ... Familien ✦ meine Familie ✦
✦ viele Menschen ✦

✦ mit dem Bus ✦ mit dem Fahrrad ✦
✦ mit der Straßenbahn ✦ mit dem/der ... ✦

✦ Fußball spielen ✦ laut sein ✦
✦ (keine) Haustiere haben ✦

✦ lange ✦ zehn Minuten ✦
✦ ... Minuten ✦

✦ ... Balkone ✦ einen Hof ✦
✦ ... Zimmer ✦

✦ einem Hochhaus ✦ einem Wohnhaus ✦
✦ einer Wohnung ✦

✦ alt ✦ neu ✦ schön ✦ gemütlich ✦
✦ billig ✦ groß ✦ klein ✦

✦ ein Park ✦ ein Supermarkt ✦
✦ eine Bäckerei ✦ meine Schule ✦

b **Wie ist die Wohnung? Schreib Sätze.**

1. die Zimmer
2. das Haus
3. die Nachbarn
4. der Balkon
5. die Schule
6. das Wohnzimmer

in der Nähe
alt
klein
nicht gemütlich
freundlich
groß

1. Die Zimmer sind groß.

c **Gut und schlecht – Markiere + oder –.**

☐ blöd   ☐ doof

Das finde ich ...   ☐ klasse   ☐ komisch   ☐ nicht schön   ☐ gut

Das ist ...   ☐ schlecht   ☐ super   ☐ schön   ☐ schlimm   ☐ toll

d **Schreib einen Text über deine Wohnung: Wo wohnst du? Wie ist die Wohnung? Wie findest du die Wohnung?**

online
4

6

a **Niklas zu Hause. Was macht er? Lies die Sätze. Hör und sortiere.**

- ☐ Niklas begrüßt seinen Vater.
- 1️⃣ Niklas kommt nach Hause.
- ☐ Er macht seine Hausaufgaben.
- ☐ Niklas spielt Badminton.
- ☐ Er trinkt einen Saft.
- ☐ Niklas isst mit der Familie.
- ☐ Er holt Theo.
- ☐ Er telefoniert.
- ☐ Niklas sieht fern.

b **Schreib die Sätze in der richtigen Reihenfolge. Verbinde sie mit *zuerst, dann, danach* und *zum Schluss.***

> Niklas kommt nach Hause. Zuerst begrüßt er seinen Vater. …

Denk an die Position vom Verb!

Tipp!

c **Lies die Sätze 1 bis 6. Lies dann die Nachricht von Jana. Was ist richtig? Kreuze an.**

✉

Hi Caro,
wie geht es dir? Ich bin jetzt in Hamburg. Unsere Wohnung ist wirklich toll. Vier Zimmer, Küche, Bad und ein Garten. Das ist super! In Bremen hatten wir keinen Garten.
Unser Wohnzimmer ist sehr gemütlich. Da steht der Fernseher und unser Tisch. Da essen wir auch zusammen. Die Küche ist klein und die Möbel sind nicht so schön. In Bremen war die Küche groß und wir hatten einen Balkon. Naja, wir kochen ja nur in der Küche.
Mein Zimmer ist sehr schön. Es ist groß und gemütlich. Ich kann die Straße sehen, die Straßenbahn und einen Park. Meine Schwester hat auch ein Zimmer und meine Eltern haben ein Schlafzimmer. Komm doch mal nach Hamburg. Ich habe viel Platz.
Und was machst du in München? Was ist los? Melde dich.
Bis bald,
Jana

- ☐ 1. Jana wohnt in Hamburg.
- ☐ 2. Die Wohnung hat fünf Zimmer.
- ☐ 3. Janas Familie hat keinen Garten.
- ☐ 4. Die Küche ist groß.
- ☐ 5. Die Möbel im Wohnzimmer sind nicht schön.
- ☐ 6. Jana mag ihr Zimmer.

d **Korrigiere die falschen Sätze und schreib sie ins Heft.**

e **Sprecht zu zweit: Was kannst du wo machen?**

✦ schlafen ✦ duschen ✦ einen Kuchen backen ✦ frühstücken ✦ gemütlich sitzen ✦
✦ in der Sonne sitzen ✦ ein Glas holen ✦ eine Zeitung lesen ✦ grillen ✦ eine Party feiern ✦ nichts tun ✦
✦ aufstehen ✦ Zähne putzen ✦ Gäste begrüßen ✦ mit Oma Kuchen essen ✦

> Was kannst du im Wohnzimmer machen?

> Im Wohnzimmer kann ich …

7

a Wie heißen die Möbel und Gegenstände? Markiere zehn Wörter im Rätsel. Notiere dann die Nomen mit Artikel und ergänze den Plural.

	A	B	C	D	E	F	G	H	I	J
1	K	C	T	Q	E	Ä	Q	U	H	R
2	J	J	Z	B	U	C	H	H	Z	Y
3	X	F	K	L	J	D	B	E	T	T
4	F	T	C	O	M	P	U	T	E	R
5	E	F	G	V	L	S	R	P	L	T
6	N	T	K	M	A	T	N	R	Ä	A
7	S	I	O	H	M	U	U	E	K	S
8	T	S	P	S	P	H	X	G	G	C
9	E	C	W	F	E	L	O	A	L	H
10	R	H	L	B	I	L	D	L	G	E

1. _die Uhr, die Uhren_
2. _____
3. _____
4. _____
5. _____
6. _____
7. _____
8. _____
9. _____
10. _____
11. _____

online
5

b Ein chaotisches Zimmer. Arbeitet zu zweit. Was seht ihr? Was gibt es?

> Im Zimmer sind …

> Es gibt …

8

2.09

a Sag mal . . . b-p, d-t, g-k – Welchen Laut hörst du? Kreuze an.

	[b] [p]		[d] [t]		[g] [k]
1. die Mö**b**el	☐☐	5. das Ra**d**io ☐☐		9. der Zu**g** ☐☐
2. es gi**b**t	☐☐	6. das Fahrra**d** ☐☐		10. ihr mö**g**t ☐☐
3. der **B**alkon	☐☐	7. das Ba**d** ☐☐		11. das Re**g**al ☐☐
4. du schrei**b**st	☐☐	8. die A**d**resse ☐☐		12. der **G**arten ☐☐

2.09

b Hör noch einmal und sprich laut nach.

9

Lernen – üben – spielen. Tempo, Tempo . . . Spielt zu zweit. Person A würfelt eine Zahl. Person B sagt zum Thema so viele Wörter wie möglich. Ihr habt eine Minute Zeit. Dann wechselt ihr. Spielt vier Runden. Wer hat die meisten Wörter?

 Wohnung/Möbel

 Essen/Getränke

 Verkehrsmittel

 Schulsachen

 Orte in der Stadt

 Hobbys

> Sechs, ähm … Lesen, Schwimmen, …

Wichtige Wörter

Seite 83

der **B<u>a</u>hnhof**, B<u>a</u>hnhöfe _____

die **B<u>a</u>nk**, -en _____

Geld wechseln _____

der **Fris<u>eu</u>r**, -e _____

die **P<u>o</u>st** _____

der **Br<u>ie</u>f**, -e _____

die **Br<u>ie</u>fmarke**, -n _____

das **Pak<u>e</u>t**, -e _____

versch<u>i</u>cken _____

das **Getr<u>ä</u>nk**, -e _____

schn<u>ei</u>den (Haare
schneiden) _____

d<u>o</u>rt _____

Seite 84

das **Verk<u>e</u>hrsmittel**, - _____

das Motorrad,
Motorräder _____

der R<u>o</u>ller, - _____

die **Str<u>a</u>ßen-
bahn**, -en _____

das **T<u>a</u>xi**, -s _____

die **U-Bahn**, -en _____

der **Z<u>u</u>g**, Züge _____

zu F<u>u</u>ß _____

m<u>i</u>t (mit dem Bus) _____

d<u>au</u>ern (Ich gehe zu Fuß
zur Schule. Das dauert
zehn Minuten.) _____

Seite 85

<u>e</u>cht (Das Essen ist echt
lecker!) _____

ger<u>a</u>de (Ich bin gerade
im Supermarkt.) _____

gl<u>ei</u>ch (Es ist gleich
8 Uhr.) _____

l<u>e</u>tzte, l<u>e</u>tzter
(letztes Wochenende) _____

die **L<u>eu</u>te** (Pl.) _____

Seite 86

der Z<u>a</u>hnarzt,
Z<u>a</u>hnärzte _____

beschr<u>ei</u>ben _____

Woh<u>i</u>n? _____

Seite 87

das Zuhause _____

der **Baum**, Bäume _____

gemütlich _____

egal _____

grillen _____

die **Nähe** *(Die Schule ist
in der Nähe.)* _____

das **Wohnzimmer**, - _____

der **Balkon**, -e _____

der Hof, Höfe _____

nerven _____

teilen _____

das **Zentrum**, Zentren _____

das Hochhaus,
Hochhäuser _____

das **Stockwerk**, -e _____

die **Wohnung**, -en _____

der **Mensch**, -en _____

verboten _____

Seite 88

das **Bad**, Bäder _____

der Flur, -e _____

das **Kinderzimmer**, - _____

das **Schlafzimmer**, - _____

die **Toilette**, -n _____

die Spaghetti (Pl.) _____

surfen *(Ich surfe
im Internet.)* _____

genau *(Esst ihr in der
Küche? – Ja, genau!)* _____

Reihenfolge
zuerst
dann
danach
zum Schluss

Seite 89

die **Möbel** *(Pl.)* _____

der Schreibtisch, -e _____

der **Platz**, Plätze *(Wo ist
dein Lieblingsplatz?)* _____

die Präsentation, -en _____

Was kann ich?

1 **Ich kann sagen, wie ich zur Schule komme.**
→ KB/ÜB A2

Ich fahre mit …

2 **Ich kann sagen, wie mir etwas gefällt.**
→ KB/ÜB A5

Ich wohne im Zentrum.
Da kann ich schnell einkaufen,
das finde ich …

Wohnen im Zentrum …

✦ Freunde kommen oft zu Besuch ✦
✦ viele Verkehrsmittel in der Nähe ✦
✦ schnell einkaufen ✦

✦ sehr laut ✦ Wohnung klein ✦
✦ Fußball spielen verboten ✦
✦ Tiere verboten ✦

3 **Ich kann eine Wohnung beschreiben.**
→ KB/ÜB A6, A7

Die Wohnung hat …

Es gibt …

der Balkon
das Wohnzimmer
das Schlafzimmer
der Flur
die Küche
das Badezimmer

So lerne und übe ich

4 **Ich lerne Wörter mit Bildern.**   ☐ manchmal ☐ oft ☐ nie

die Lampe, -n
der Computer, -
der Ball, die Bälle
das Skateboard, -s
der Tisch, -e

Hören Teil 2

1 **a** **Lies die Sätze und hör dann das Gespräch. Richtig oder falsch? Kreuze an.**

1. Alma hat eine Erkältung.   richtig   falsch
2. Sofies Bauch tut weh.   richtig   falsch
3. Alma geht morgen wieder zur Schule.   richtig   falsch

b **Lies das Gespräch. Ist alles richtig in 1a? Kontrolliere.**

● Hi Alma, wie geht's dir? Warum bist du nicht in der Schule? Bist du krank?

○ Hallo Sofie, ja, ich bin leider krank.

● Oh, das tut mir leid. Was hast du denn?

○ Ach, ich bin erkältet. Ich habe Fieber, mein Hals und meine Ohren tun weh und ich habe Husten.

● Oje. Kommst du morgen wieder? Schule und keine Freundinnen, das ist richtig blöd. Katharina ist auch krank, sie hat Bauchweh.

○ Nein. Der Arzt sagt: Ich muss noch die ganze Woche zu Hause bleiben. Ich komme erst nächste Woche wieder in die Schule.

● Schade. Gute Besserung!

○ Danke.

2 **a** **Lies die Aufgabe aus der Prüfung. Wie ist die Reihenfolge? Ordne zu.**

✦ ein Gespräch hören ✦ drei Sätze lesen ✦
✦ das Gespräch das zweite Mal hören ✦ *richtig* oder *falsch* ankreuzen ✦

Lies die Sätze 1, 2 und 3. Jetzt hörst du das **erste** Gespräch. Du hörst das erste Gespräch **noch einmal.** Markiere **dann** für die Sätze 1, 2 und 3: richtig oder falsch.	1. _____ 2. _____ 3. _____ 4. _____

b **Jetzt wie in der Prüfung:**

Lies die Sätze 4, 5 und 6.

4 Marvin spielt am Dienstag Volleyball.   richtig   falsch

5 Tim muss am Dienstag zu Hause sein.   richtig   falsch

6 Tim hat am Donnerstag um fünf Handball.   richtig   falsch

Jetzt hörst du das **zweite** Gespräch.

Du hörst das zweite Gespräch **noch einmal.** Markiere **dann** für die Sätze 4, 5 und 6: richtig oder falsch.

> In der Prüfung gibt es zuerst ein Beispiel. Du hörst dann zwei Gespräche. Du hörst jedes Gespräch zweimal. Zu jedem Gespräch gibt es drei Aufgaben.

Tipp!

Sprechen Teil 2

3 **a** Lies die Fragen und die Antworten zu der Karte. Was passt zusammen? Verbinde.

Essen und Trinken

Tee

1. Trinkst du gern Tee?   A Nein, in der Schule trinke ich Wasser.

2. Wie ist der Tee?   B Der Tee ist im Regal in der Küche.

3. Kann ich noch einen Tee haben?   C Er ist lecker.

4. Nimmst du Tee mit zur Schule?   D Ja, ich trinke gern Tee.

5. Wo ist der Tee?   E Ja, ich trinke morgens Tee. Manchmal trinke ich auch Saft.

6. Trinkst du zum Frühstück Tee?   F Nein, tut mir leid. Es gibt keinen Tee mehr.

b Sammelt in der Klasse Fragen zum Wort *Frühstück* und schreibt sie an die Tafel.

Essen und Trinken

Frühstück

Isst du gern Ei zum Frühstück?
Was isst du zum Frühstück?
…

> **Strategie**
>
> Das Thema steht oben auf der Karte, das Wort groß in der Mitte. Achte auf beides. Deine Fragen müssen zum Wort und auch zum Thema passen.

c Formuliert Antworten zu den Fragen an der Tafel. Seht euch als Beispiel noch einmal die Antworten aus 3a an.

> **Strategie**
>
> Antworte nicht nur mit Ja oder Nein. Antworte mit einem Satz.

Isst du gern Ei zum Frühstück?

Nein. Eier mag ich nicht. Ich esse gern Müsli.

Was isst du zum Frühstück?

Ich esse zum Frühstück Brot mit Marmelade oder Honig.

4   **a**   Lies die Wörter auf den Karten. Schreib zu jeder Karte eine Frage ins Heft.

Essen und Trinken	Essen und Trinken
kochen	Saft
Essen und Trinken	**Essen und Trinken**
Fleisch	Mittag-essen
Essen und Trinken	**Essen und Trinken**
Lieblings-essen	lecker

Kannst du Kochen?
...

b   Tausch dein Heft mit einem Partner / einer Partnerin. Schreib die Antworten zu seinen/ihren Fragen.

c   Vergleicht die Fragen und Antworten in der Klasse.

5   Arbeitet in Gruppen. Einer beginnt, würfelt und fragt eine Person aus der Gruppe. Die Person antwortet, würfelt dann und fragt eine andere Person.

Gesundheit	Gesundheit
Arzt	Schule
Gesundheit	**Gesundheit**
krank sein	Sport machen
Gesundheit	**Gesundheit**
Zahn-schmerzen	schlafen

Diesen Prüfungsteil machst du in Gruppen (maximal vier Personen). Du musst eine Frage stellen und einmal auf eine Frage antworten. Du kannst nicht wählen. Du ziehst eine Karte und kannst das Wort erst dann lesen.

Tipp!

Lesen Teil 1

6 **a** Lies den Titel einer Anzeige. Für was kann die Anzeige sein? Überlegt in der Klasse.

Sport, Spaß und Freunde

b Lies die Anzeige. Sind eure Ideen richtig?

Hausaufgaben fertig – und jetzt? Komm zu uns!

Der Sportclub Greding bietet Bewegung für alle!

Mach nach der Schule Sport, triff Freunde, trainiere in der Gruppe, bleib fit und gesund und hab natürlich jede Menge Spaß.

Wir sind das ganze Jahr für dich da. Für nur 20 Euro im Monat können Schüler und Schülerinnen von Montag bis Freitag ab 15:00 Uhr unser Kursangebot nutzen:
Tanzen, Schwimmen, Handball, Volleyball, Fußball, Judo und noch viel mehr.

Einfach vorbeikommen im

Sportclub Greding e. V. – Am Sportplatz 1 – 91171 Greding

c Lies die Fragen und markiere die Informationen in der Anzeige.

1. Für was ist die Anzeige?

2. Was kannst du dort machen?

3. Wann kannst du dort sein?

4. Was musst du bezahlen?

Strategie

In den Anzeigen bekommst du viele Informationen. Du musst nicht alles verstehen! Suche nur die Informationen zu den Fragen. Markiere wichtige Wörter im Text.

d Lies die Aufgaben und kreuze an: a, b oder c.

1. Das ist eine Anzeige für

  a   einen Schwimmclub.

  b   Sport am Nachmittag.

  c   einen Freunde-Treff.

2. Was kannst du dort machen?

  a   Musik hören.

  b   Hausaufgaben machen.

  c   Mit Freunden trainieren.

3. Wann kannst du dort sein?

  a   Am Nachmittag.

  b   Den ganzen Tag.

  c   Am Wochenende.

4. Du bezahlst

  a   20 Euro für ein Jahr.

  b   20 Euro für einen Monat.

  c   20 Euro für einen Tag.

In der Prüfung bekommst du zwei Anzeigen zu unterschiedlichen Themen. Zu jeder Anzeige gibt es drei Aufgaben.

Tipp!

7

Jetzt wie in der Prüfung:

Lies eine Anzeige aus der Zeitung.

Talente für Musikwochenende gesucht

Du machst gern Musik mit anderen? Du spielst Geige,
Klavier, Schlagzeug …? Dann komm zum Musikwochenende!

Wir suchen musikalische Talente, alle Instrumente sind willkommen!
Wir machen in kleinen Bands tolle Musik und spielen aktuelle Hits.

Wer?   Schüler (10 bis 15 Jahre), Anfänger oder Fortgeschrittene
Wo?   Musikschule am Holzmarkt
Wann?   15. bis 17. Mai (Freitag 17:00–20:00, Samstag: 10:00–17:00 und Sonntag 9:00–12:00 Uhr)
Kosten: 15 Euro (Essen und Trinken inklusive)

Unser Konzert für Eltern, Freunde und Musikfans ist am Sonntag um 10:30 Uhr.

Hast du Fragen? Wir sind telefonisch oder per E-Mail für dich da.
Tel: 0347–126180 (Montag–Freitag 13:00 bis 17:00 Uhr), info@musikschule-am-holz

Aufgaben 1 bis 3.

Kreuze an: a , b oder c .

Beispiel:

0 Das ist eine Anzeige für

- a Eltern.
- ☒ Jugendliche.
- c alle Musikfans.

1 Was kannst du machen?

- a Eine Band hören.
- b Musik machen.
- c Zusammen singen.

2 Wann ist das Musikwochenende?

- a Montag bis Freitag.
- b Am Samstag und Sonntag.
- c Am Freitag, Samstag und Sonntag.

3 Bei Fragen kannst du

- a zur Musikschule kommen.
- b mit dem Musiklehrer sprechen.
- c anrufen oder eine E-Mail schreiben.

Sprechen Teil 3

8 **a** Sieh die Bilder an und lies die Sätze. Welcher Satz passt zu welchem Bild? Schreib den Satz unter das Bild.

✦ Ist die Tür zu ✦ Wie spät ist es, bitte ✦ Darf ich mal telefonieren ✦
✦ Gib Jenny die Uhr ✦ Bitte mach die Tür zu ✦ Telefoniere hier bitte nicht ✦

_____

_____

b Lies die Sätze noch einmal. Aufforderung oder Frage? Ergänze das passende Satzzeichen in 8a.

> In der Prüfung bekommst du Bildkarten mit **?** oder **!** zu ganz verschiedenen Themen. Formuliere bei einem **?** eine Frage, bei einem **!** eine Bitte zu dem Bild.
>
> **Tipp!**

c Sieh die beiden Bilder an. Formuliere zu den Bildern Bitten oder Fragen.

✦ Anrufen bitte! ✦ Banane essen dürfen? ✦
✦ Lorenz Handy geben bitte! ✦
✦ Bananen im Supermarkt kaufen können? ✦
✦ Nachricht schreiben bitte! ✦
✦ Bananen zur Party mitbringen? ✦

> Bitte ruf mich an!

> Darf ich die Banane essen?

9 **a** Stellt die Fragen und Bitten aus Aufgabe 8a und c in der Klasse. Wie kann man reagieren? Findet gemeinsam Antworten.

> Wie spät ist es, bitte?

> Tut mir leid, ich weiß es nicht.

> Es ist 10:30 Uhr.

> Diesen Prüfungsteil machst du in Gruppen (maximal vier Personen). Du musst einmal fragen oder bitten und einmal auf eine Frage oder Bitte reagieren. Du kannst nicht wählen.
>
> **Tipp!**

b Arbeitet zu zweit. Wähle eine Karte und formuliere eine Frage oder Bitte. Dein Partner / Deine Partnerin antwortet. Dann wählt er/sie eine Karte.

Wie gefällt dir das?

1

a Wie heißen die Dinge? Ergänze die Buchstaben. Wie heißt das Lösungswort?

1. | 5 Ä | | | 6 | |
U

2. | | H | 7 | | T | 8 | | A |

3. | | B | 2 | T | | 6 K | 4 | |
5

O
S
3 T
Ü
M

| 1 | I |

4. | | S | 9 | |

Lösungswort: | 1 | 2 | 3 T | 4 | 5 | 6 | 7 | 8 | 9 |

b Wie heißen die Feste? Welche Dinge passen noch zu den Festen? Ergänze die Wörter mit Artikel.

das Osterei

das Kostüm

der Luftballon

die Plätzchen

c Lies die Texte. Sind die Sätze 1 bis 4 richtig oder falsch? Kreuze an.

An Ostern besuchen uns Oma und Opa. Am Morgen suchen meine Schwester Pia und ich Ostereier im Garten. Wir spielen: Wer findet wie viele Ostereier? Es gibt auch Eier aus Schokolade. Lecker! Die Ostereier bringt der Osterhase. Das glauben die Kinder. Der Osterhase (also meine Eltern ☺) bringt auch ein kleines Geschenk, ein Buch zum Beispiel. Am Nachmittag fahren wir zu Tante Lena und essen Ostereier und Kuchen. *(Frederik, 13 Jahre)*

Am 24. 12. gehen wir in die Kirche und bekommen am Abend unsere Geschenke. Der Weihnachtsbaum sieht immer sehr schön aus. Mein Bruder Emil (5 Jahre alt) glaubt, die Geschenke bringt der Weihnachtsmann. Wir bekommen auch einen Weihnachtsmann aus Schokolade und essen viele Plätzchen. Die Plätzchen backen wir alle zusammen. Das macht Spaß! Am 25. und am 26. 12. besuchen wir Verwandte. Das ist immer sehr lustig und dort bekommen wir auch Geschenke. *(Lisa, 12 Jahre)*

	richtig	falsch
1. An Ostern liegen Ostereier und Schokoladeneier im Garten.	☐	☐
2. Der Osterhase schenkt Frederiks Eltern ein Buch.	☐	☐
3. Lisa und Emil öffnen am 24. 12. ihre Weihnachtsgeschenke.	☐	☐
4. Lisa macht die Plätzchen nicht allein.	☐	☐

2 a Was sagen die Personen? Ordne zu.

✦ ~~Herz~~ ✦ tag ✦ ten ✦ tern ✦ Fro ✦ ~~lichen~~ ✦ he ✦ All ✦ Ge ✦ Weih ✦ Os ✦ Glück ✦
✦ Fro ✦ nach ✦ he ✦ burts ✦ wunsch ✦ te ✦ zum ✦ es ✦ Gu ✦

Herzlichen

2.12 **b Hör und vergleiche.**

c Welches Verb passt? Markiere.

1. Geburtstag	**feiern** / gehen	4. Kaffee und Kakao	grillen / trinken	7. Würstchen	grillen / backen
2. Freunde	laufen / einladen	5. Schlittschuh	laufen / gehen	8. eine Gartenparty	einladen / machen
3. Geschenke	auspacken / singen	6. Lieder	auspacken / singen		

3 a Lies von rechts nach links. Markiere die Monate. ◆oder◆ **Wie heißen die Monate? Mach das Buch zu und schreib sie in der richtigen Reihenfolge ins Heft.**

REBMEZEDREBMEVONREBOTKOREBMETPESTSUGUAILUJINUJIAMLIRPAZRÄMRAURBEFIRAUNAJ

b Ergänze die Monate im Jahreskreis. Wie heißen die Jahreszeiten? Schreib sie richtig und ordne zu.

✦ ~~inerWt~~ ✦ ermoSm ✦ liFrngüh ✦ tserbH ✦

A _____

B _____

3. _____
4. _____
5. _____
9. _____
10. _____
11. _____

C _____

6. _____
7. _____
8. _____
12. _____
1.   Januar _____
2. _____

D   Winter _____

2.13 **c Hör zwei kurze Gespräche. Wann haben die Jugendlichen Geburtstag? Notiere.**

Selma: im Winter, im ... _____

Sascha: _____

Roman: _____

Melinda: _____

4 **a** **Wir brauchen ein Geschenk. Ergänze den Dialog.**

online 1

✦ Geschenk ✦ stimmt ✦ ~~brauchen~~ ✦ teuer ✦ Buch ✦ meinst ✦ hier ✦ Findest ✦ langweilig ✦

● Wir __brauchen__ (1) noch ein Geschenk für Leni.

○ Hier, diese Tasche ist doch toll. _____ (2) du nicht?

● 29 Euro? Das ist _____ (3)!

○ Ja, _____ (4).

● Aber dieses _____ (5) hier ist interessant.

○ Welches Buch? Ach, das. Nein, das finde ich _____ (6). Diesen Rucksack vielleicht?

● Welchen Rucksack _____ (7) du?

○ Diesen _____ (8). Nur 15 Euro!

● Gut, dann haben wir endlich ein _____ (9)!

online 2

b **Was ist richtig? Kreuze an.**

1. ● Wie findest du das Spiel?   ○ ☐ Welches?   ☐ Welche?   ● ☐ Dieses.   ☐ Diese.

2. ● Hier, die Ohrringe sind doch schön.   ○ ☐ Welchen?   ☐ Welche?   ● ☐ Diesen.   ☐ Diese.

3. ● Sieh mal, der Kopfhörer ist cool!   ○ ☐ Welcher?   ☐ Welchen?   ● ☐ Dieser.   ☐ Diesen.

4. ● Wie findest du die Karte?   ○ ☐ Welchen?   ☐ Welche?   ● ☐ Diesen.   ☐ Diese.

5. ● Hier, den Rucksack finde ich toll.   ○ ☐ Welcher?   ☐ Welchen?   ● ☐ Dieser.   ☐ Diesen.

c **Ergänzt und vergleicht zu zweit. Einer/Eine fragt, der/die andere antwortet.**

1. ● Welch____ Buch nehmen wir?   ○ Dies____ ist sehr interessant.

2. ● Welch____ Marker brauchen wir?   ○ Dies____ hier.

3. ● Welch____ Poster findest du gut?   ○ Dies____ ist total cool!

4. ● Welch____ Blumen kaufen wir für Frau Schmidt?   ○ Dies____ sind sehr schön.

5. ● Welch____ Uhr magst du gern?   ○ Dies____ finde ich toll.

d **Welcher? – Schreib sechs Fragen ins Heft.**

✦ Welcher ✦
✦ Welchen ✦
✦ Welches ✦
✦ Welche ✦

✦ Lehrer ✦ Musik ✦ Kuchen ✦
✦ Buch ✦ Schuhe ✦ Computerspiele ✦
✦ Schulfach ✦ ... ✦

✦ gefällt/gefallen dir? ✦ findest du gut? ✦
✦ schmeckt/schmecken dir? ✦
✦ willst du kaufen? ✦
✦ magst/hörst/liest du gerne? ✦ ... ✦

e **Arbeitet zu zweit. Stellt eine Frage aus 4d. Euer Partner / Eure Partnerin antwortet.**

Welches Schulfach findest du gut?

Mathe und Sport. Welchen ...

5

a Sag mal ... *au, eu, äu, ei, ai* – Welches Wort hörst du? Kreuze an.

2.14

1. ☐ nein ☐ neun 3. ☐ Mai ☐ Mal 5. ☐ verkaufen ☐ Verkäufer

2. ☐ auch ☐ euch 4. ☐ heiß ☐ Haus 6. ☐ Baum ☐ Bein

2.15

b Hör und sprich mit viel Emotion nach.

Eieieieieieiei!

Aaaaau, au, au, au!

6

a Wie heißen die Kleidungsstücke? Schreib sie mit Artikel und ergänze das Wort in deiner Sprache.

online
3

1 der Pulli 7

2 8

3

4

5

6 9

b Ergänze die Verben *anziehen, anhaben* und *tragen* und schreib einen Text zu Luis.

1. Jannik _____ ein T-Shirt _____ und er _____ eine Jeans. Er _____ gerade seine Schuhe _____ .

2. Sophie _____ gerade ihre Jacke _____. Sie _____ einen Rock und sie _____ einen Pulli _____.

3. _____ _____ _____ _____

c Was passt zusammen? Verbinde.

1. ● Was ziehst du heute an?

2. ● Wie findest du dieses T-Shirt?

3. ● Der Pulli ist toll, oder?

4. ● Gefällt dir diese Jacke?

5. ● Mir gefallen die Schuhe. Und dir?

A ○ Also, mir gefällt der Pulli nicht so gut.

B ○ Ja, aber sie passt mir nicht. Sie ist zu klein.

C ○ Ich finde die Schuhe auch super.

D ○ Es sieht echt cool aus.

E ○ Ich weiß noch nicht. Vielleicht ein Kleid.

d Schreib Sätze.

1. die Hose – gefallen – ich – .   _Die Hose gefällt mir._

2. die Bluse – passen – du – .   _____

3. wie – gefallen – du – die Schuhe – ?   _____

4. das Hemd – gefallen – ich – nicht – .   _____

5. passen – du – das T-Shirt – ?   _____

e Zu klein oder zu groß – Schreib Sätze.

✦ ~~klein~~ ✦ groß ✦ teuer ✦ kurz ✦ lang ✦ warm ✦

Das T-Shirt ist zu klein.   _____   _____

_____   _____   _____

f Das gefällt mir – Ordne die Ausdrücke in eine Tabelle ins Heft.

✦ Cool! ✦ . . . gefällt mir nicht. ✦ Ganz gut. ✦ . . . finde ich super. ✦ Schrecklich. ✦ . . . sieht toll aus. ✦
✦ Nicht so gut. ✦ . . . gefällt mir. ✦ Blöd. ✦ . . . finde ich doof. ✦

Wie gefällt dir der/das/die ...?	Wie findest du den/das/die ...?
☺	☹

7

a Ergänze die Verben in der richtigen Form.

✦ schmecken ✦ gefallen ✦ gratulieren ✦ helfen ✦ ~~passen~~ ✦ schmecken ✦

1. ● Oh nein, die Bluse __passt__ mir nicht mehr. Sie ist zu klein.
   ○ Dann ziehe ich sie an, okay?

2. ● Clara hat heute Geburtstag. Wir müssen ihr _____.
   ○ Ja, klar. Hast du auch ein Geschenk für sie?

3. ● Wir müssen die Stühle ins Wohnzimmer bringen. Könnt ihr uns _____?
   ○ Ja, logisch.

4. ● Wie _____ dir die Pizza?
   ○ Sehr gut! Die Pizza ist total lecker! Aber Jannik mag keine Salami. Ihm _____ sie nicht.

5. ● _____ euch die Musik?
   ○ Ja, klar! Kommt, wir tanzen!

b Personalpronomen im Dativ – Ergänze die Tabelle. Übung 7a hilft.

	Personalpronomen								
Nominativ	ich	du	er	es	sie	wir	ihr	sie	Sie
Dativ				ihm				ihnen	Ihnen

online
4

c Ergänze die Dativpronomen in den Dialogen.

1. ● Clara, gefällt __dir__ unser Geschenk?   ○ Ja, es ist super.

2. ● Schau mal, die Jeans von Luis ist neu.   ○ Aber sie passt _____ nicht!

3. ● Lea und Felix essen nichts! Schmeckt _____   ○ Keine Ahnung.
   die Pizza nicht?

4. ● Frau Müller, können wir _____ helfen?   ○ Ja, gerne. Nehmt die Teller!

5. ● Mia tanzt und tanzt. Die Musik gefällt _____, oder?   ○ Ja, das glaube ich auch.

6. ● Ich brauche eure Hilfe. ... Hallo! Könnt ihr _____   ○ Ja, ja, Moment.
   helfen, bitte?

7. ● Hey, Sinan und Jannik, wie gefällt _____ die Party?   ○ Wir finden deine Party super! Sie gefällt
                                                               _____ richtig gut.

d Nominativ, Akkusativ und Dativ – Welches Pronomen passt? Kreuze an.

1. Clara macht eine Party. ☒ Sie ☐ Ihr beginnt um 18 Uhr.

2. Alle Freunde gratulieren ☐ sie ☐ ihr und feiern mit ☐ sie ☐ ihr.

3. Luis kommt auch. Wir holen ☐ ihn ☐ ihm um 17:30 Uhr ab.

4. ☐ Er ☐ Ihn hat ein Geschenk für Clara und es gefällt ☐ sie ☐ ihr wirklich gut.

5. Die Eltern von Clara sind sehr nett. Ich mag ☐ sie ☐ ihnen.

6. ☐ Ich ☐ Mir helfe Clara und backe einen Kuchen für ☐ sie ☐ ihr.

7. Alle Gäste essen den Kuchen. Er schmeckt ☐ sie ☐ ihnen sehr gut.

8. Mia schenkt Clara ein T-Shirt. ☐ Es ☐ Ihm ist echt cool. Aber es passt ☐ sie ☐ ihr leider nicht.

8

a **Wie heißen die Farben? Schreib.**

online
5

1. TOR _____rot_____
2. AUBL _____
3. ÜNGR _____

4. GENARO _____
5. IEWß _____
6. WSCHRZA _____

7. SROA _____
8. UAGR _____
9. AILL _____

b **Schreib Sätze zu den Bildern.**

1. Der Kopfhörer ist rot.

9

a **Wen kennst du gut? – Ergänze die Texte mit Informationen über diese Personen. Aufgabe 9c im Kursbuch hilft.**

Meine _____ heißt _____. Sie ist _____ Jahre alt. Ihre Augen sind

_____ und ihre Haare sind _____. Sie ist wirklich _____ und

_____. Sie mag _____ und sie kann gut _____.

Mein _____ heißt _____. Er ist _____ Jahre alt. Seine Augen sind _____

und seine Haare sind _____. Ihm gefällt _____ und er findet _____

gut. Er kann wirklich gut _____.

b **Schreib einen Text wie in 9a über dich.**

10

a **Was ist korrekt? Markiere.**

1. T-Shirts gefallen mir besser/lieber als Blusen.
2. Ich höre Pop besser/lieber als Hiphop.
3. Pizza schmeckt mir besser/lieber als Salat.

4. Ich gehe besser/lieber ins Kino als ins Theater.
5. Ich mag Katzen besser/lieber als Hunde.
6. Ich finde Blau besser/lieber als Rot.

b **Ergänze besser, lieber oder als in den Sätzen.**

1. Sinan isst Süßigkeiten _____ als Obst.
2. Greta findet Mathe besser _____ Englisch.

3. Mir gefallen Comics _____ als Bücher.
4. Jannik trinkt _____ Cola _____ Wasser.

11

Lernen – üben – spielen. Tempo, Tempo ... Spielt zu zweit. Person A würfelt eine Zahl. Person B sagt zum Thema so viele Wörter wie möglich. Ihr habt eine Minute Zeit. Dann wechselt ihr. Spielt vier Runden. Wer hat die meisten Wörter?

Jahreszeiten
Feste
Monate

Kleidungsstücke
Farben
Verben mit Dativ

Sechs, ähm ...
gefallen, ...

Wichtige Wörter

Seite 97

Alles Gute! _____

der Glückwunsch,
  Glückwünsche *(Herzli-
  chen Glückwunsch!)* _____

der **Karneval**, -s _____

das Kostüm, -e _____

der Luftballon, -s _____

Ostern *(Frohe Ostern!)* _____

das Osterei, -er _____

der Osterhase, -n _____

Weihnachten *(Frohe
  Weihnachten!)* _____

der Weihnachtsbaum,
  Weihnachtsbäume _____

das Plätzchen, - _____

Seite 98

werden *(er/es/sie wird)
  (Ich werde heute 13
  Jahre alt.)* _____

aus|packen *(ein
  Geschenk auspacken)* _____

der **Gast**, Gäste _____

der Schlittschuh, -e _____

der Spieß, -e _____

das Würstchen, - _____

die Gartenparty, -s _____

und so weiter *(usw.)* _____

die Formulierung, -en _____

Monate

der **Januar**	der **Juli**
der **Februar**	der **August**
der **März**	der **September**
der **April**	der **Oktober**
der **Mai**	der **November**
der **Juni**	der **Dezember**

Winter · Frühling · Sommer · Herbst · das Jahr

Jahreszeiten

der **Frühling**	der **Herbst**
der **Sommer**	der **Winter**

Seite 99

schenken _____

endlich _____

meinen *(Was meinst
  du?)* _____

diese, dieser _____

welche, welcher _____

der Kopfhörer, - _____

der **Ohrring**, -e _____

die Sonnenbrille, -n _____

überhaupt _____

fein _____

Seite 100

an|haben *(er/es/sie hat an)* _____

tragen *(er/es/sie trägt) (Tim trägt einen Pullover.)* _____

an|ziehen _____

aus|ziehen _____

aus|sehen *(er/es/sie sieht aus)* _____

die **Kleidung** _____

die **Bluse**, -n _____

das **Hemd**, -en _____

die **Jacke**, -n _____

das **Kleid**, -er _____

der **Pulli**, -s _____

der **Pullover**, - _____

der **Rock**, Röcke _____

der **Schuh**, -e _____

nicht mehr _____

richtig *(Dieses Kleid ge- fällt mir richtig gut.)* _____

doof _____

schrecklich _____

Seite 101

gratulieren _____

schmecken _____

der **Teller**, - _____

der **Dank** *(Vielen Dank!)* _____

süß _____

supergut _____

Personalpronomen im Dativ	
mir	uns
dir	euch
ihm	ihnen
ihm	Ihnen
ihr	

Seite 102

dunkel- *(dunkelblau, dunkelrot)* _____

hell- *(hellblau, hellrot)* _____

das Kleidungsstück, -e _____

entscheiden _____

Farben

blau	grün	rot
braun	lila	schwarz
gelb	orange	weiß
grau	rosa	bunt

Seite 103

das Aussehen _____

blond _____

der Charakter, -e _____

intelligent _____

sportlich _____

besser als *(Mir gefällt Rot besser als Blau.)* _____

lieber als *(Florian mag Blau lieber als Rot.)* _____

anschließend _____

das **Museum**, Museen _____

online _____

die **Süßigkeit**, -en _____

der **Prospekt**, -e _____

die **Zeitschrift**, -en _____

Was kann ich?

1 **Ich kann Jahreszeiten und Monate nennen.** ☺ ☺ ☹
→ KB/ÜB A3

der Frühling, ... _____

_____

2 **Ich kann sagen, was ich oder andere tragen.** ☺ ☺ ☹
→ KB/ÜB A6

Heute trage ich _____.

Mein Freund / Meine Freundin hat _____ an.

3 **Ich kann sagen, was mir (nicht) gefällt.** ☺ ☺ ☹
→ KB/ÜB A6

Wie gefällt dir der Rock? 👍 _____.

Wie findest du die Jacke? 👎 _____.

4 **Ich kann Personen beschreiben.** ☺ ☺ ☹
→ KB/ÜB A9

Das ist _____. Seine/Ihre Augen sind _____, seine/ihre Haare sind _____.

Er/Sie ist _____ und kann gut _____.

5 **Ich kann sagen, was ich besser finde und lieber mag.** ☺ ☺ ☹
→ KB/ÜB A10

Mir gefällt _____ _____ _____ _____. (Grün 👍/Gelb 👎)

Ich finde _____ _____ _____ _____. (Kaninchen 👍/Hamster 👎)

Ich spiele _____ _____ _____ _____. (Volleyball 👍/Basketball 👎)

Ich mag _____ _____ _____ _____. (Eis 👍/Kuchen 👎)

So lerne und übe ich

6 **Ich plane mein Lernen Tag für Tag.** ☐ manchmal ☐ oft ☐ nie

Montag: 15 Minuten:
10 neue Wörter lernen
10 alte Wörter wiederholen
Dienstag: 20 Minuten:
Übungen zum Thema
„Verben mit Dativ"
Mittwoch: 15 Minuten:
Dialoge in Kapitel 10 laut lesen

Montag: _____ Minuten:
_____
_____
Dienstag: _____ Minuten:
_____
Mittwoch: _____ Minuten
_____
_____

Schule aus – und dann?

1 a Spielt zu dritt. Setzt drei Spielfiguren auf den Start. Werft eine Münze: Kopf = 1 Feld weiter, Zahl = 2 Felder weiter. Ihr beantwortet die Frage/Aufgabe: pro richtige Antwort 1 Punkt. Wer im Ziel die meisten Punkte hat, gewinnt.

b Was machst du nach der Schule? Schreib einen kurzen Text. Wähle drei Themen aus 1a und beschreibe deinen Nachmittag.

2 **a** Wie heißen die Aufgaben? Notiere.

online
1

die Fenster putzen _____ _____ _____ _____

 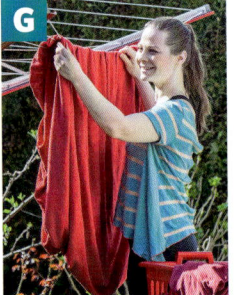  

✦ die Spülmaschine
einräumen ✦ das
Auto sauber machen
✦ die Wäsche
aufhängen ✦
✦ den Tisch decken ✦
✦ ~~die Fenster putzen~~ ✦
✦ das Bad putzen ✦
✦ den Rasen
mähen ✦ den Müll
rausbringen ✦
babysitten ✦

_____ _____ _____ _____

 b Was macht Lars nach der Schule? Hör und bring die Bilder in die richtige Reihenfolge.

A ___ B ___ C _1_

_____ _____ Mit dem Hund spazieren gehen.

D ___ E ___ F ___

_____ _____ _____

 c Hör noch einmal und notiere die Aktivitäten in 2b.

d Was macht Lars? Sprecht zu zweit. ⟨oder⟩ Schreib.

Zuerst geht Lars …   Dann muss er …

3

a **Was passt wo? Markiere und ordne zu.**

nichtsallesetwas

_____   _____   _____

b **Welches Wort ist richtig? Kreuze an.**

1. ● Kannst du ☐ nichts ☒ alles lesen? ○ Nein, ich kann ☐ nichts ☐ etwas lesen.
    Die Buchstaben sind so klein.

2. ● Bringst du ☐ etwas ☐ alles zur Party mit? ○ Ja, einen Kuchen.

3. ● Was schreibst du da? ○ Ach, gar ☐ alles ☐ nichts.

4. ● Ich muss zu Hause ☐ alles ☐ nichts machen. ○ Wow! Aber ich muss viel machen.

online
2

c **Lies Kims Tagebuch. Ergänze *alles, etwas, nichts*.**

   Dienstag, 12.05.

Liebes Tagebuch,

der Tag heute ist richtig blöd! <u>Nichts</u> (1) ist schön. Es ist langweilig
und ich habe Streit mit Mama. Ich muss viele Hausaufgaben machen.
Aber Mama sagt, ich muss auch den Tisch abräumen und mein Zimmer
aufräumen. Ich muss _____ (2) machen. Und Leo? Er
muss _____ (3) machen. Er darf Kuchen essen. Ganz viel
Kuchen! Mama sagt, ich bekomme auch _____ (4). Aber ich
muss zuerst meine Hausaufgaben machen.
In der Schule war auch _____ (5) blöd. Im Englischtest habe ich
eine Vier! Englisch ist schrecklich. Ich verstehe _____ (6).
Was mache ich jetzt? Hausaufgaben? Aufräumen? Nein, ich rufe Lukas
an. Ich muss ihn _____ (7) fragen.

 d **Schreib in dein Tagebuch. Wie ist dein Tag? Die Ausdrücke helfen.**

✦ Der Tag heute ist richtig toll/schön/blöd/... ✦ Alles/Nichts ist schön/blöd/... ✦
✦ Es ist (nicht) langweilig und ich habe (keinen) Streit mit ... ✦ Ich muss / Ich darf ... ✦
✦ Aber/Und ... sagt, ich ... ✦ In der Schule war/ist es auch toll/blöd/... ✦ Im Test habe ich ... ✦
✦ Was mache ich jetzt? ... ✦ Ich mache jetzt ... ✦ Ich muss jetzt ... ✦

Liebes Tagebuch,
der Tag heute ist richtig toll! Alles ist wunderbar. Es ist nicht
langweilig und ...

4 **a** **Drei AGs – Welche Fotos passen zusammen?**
Ordne zu und gib jeder AG einen Namen.

F

A

B

C

D

H

I

E

G

J

AG 1: A ___ ___ ___   Name: _____

AG 2: B ___ ___   Name: _____

AG 3: C ___ ___   Name: _____

b **Wer nimmt an welcher AG teil? Hör und notiere.** (2.17)

Cora: _____   Joy: _____   Philipp: _____

c **Lies die Aussagen. Wer sagt was? Hör noch einmal und kreuze an.** (2.17)

	Cora	Joy	Philipp
1. Meine AG ist montags und mittwochs.	☐	☐	☐
2. Die Gruppe ist sehr motiviert.	☐	☐	☐
3. Unsere Gruppe präsentiert etwas auf dem Schulfest.	☐	☐	☐
4. Ich übe auch viel zu Hause.	☐	☐	☐
5. Meine Eltern finden meine AG nicht so gut.	☐	☐	☐
6. Im Sommer fahren wir zusammen nach Österreich.	☐	☐	☐
7. Leider ist die AG teuer.	☐	☐	☐
8. In meiner AG sind fünf Jungen und ein Mädchen.	☐	☐	☐
9. Die AG ist super. Vielleicht mache ich das als Beruf.	☐	☐	☐

5

a   Wo fehlt *ohne* im Satz? Markiere.

1. ↓Meine Bücher kann ich nicht lernen.

2. Die AG kocht heute ein Essen Fleisch.

3. Wo ist Frau Schmidt? Die AG fällt sie aus!

4. Warum kommst du deine Tasche nach Hause? Wo ist sie?

5. Die Theater-AG kann ihre Texte nicht proben.

6. Das Essen ist fertig! Die Küche ist sauber! Super! Was mache ich nur dich?

b   *nicht ohne ...* − Ergänze die Sätze.

✦ Fahrrad ✦ Freundin ✦ Handy ✦ Freund ✦ Milch ✦ Musik ✦ Rezept ✦ Zucker ✦

1. Ohne ein _____Fahrrad_____ kann ich bei der AG nicht mitfahren.

2. Ohne ein _____ kann ich nicht telefonieren.

3. Philipp kann ohne sein _____ nicht gut kochen.

4. Ohne meine _____ gehe ich nicht zur Party.

5. Ich kann ohne _____ nicht lernen.

6. Mein Vater trinkt seinen Kaffee ohne _____ und ohne _____.

7. Ohne meinen _____ kann ich nicht Fußball spielen.

6

a   Benutze jetzt *mit*. Schreib die Sätze aus 5b neu. oder **Sprecht die Sätze aus 5b.**

> 1. Mit einem Fahrrad kann ich bei der AG mitfahren.

online 3

b   *ohne* oder *mit*? Kreuze an.

1. ● Die Musical-AG kann ☐ mit ☐ ohne Geld nicht gut spielen.   ○ Das ist blöd ...

2. ● Schreibst du eine Nachricht?   ○ Nein, ich lerne neue Wörter ☐ mit dem Handy ☐ ohne Handy.

3. ● Trainiert ihr allein?   ○ Nein! Wir trainieren immer ☐ mit ☐ ohne Herrn Müller.

4. ● Ich spiele auch beim Turnier.   ○ Super! ☐ Mit dir ☐ Ohne dich gewinnen wir sicher!

7

a   Sag mal ... O-Laute − Lies die Sätze leise. Wo ist das „o" lang, wo kurz? Kreuze an.

	lang	kurz			lang	kurz
1. Komm doch vorbei!	☐	☐		4. Müller vor! Schießt ein Tor!	☐	☐
2. Wo wohnt Monika?	☐	☐		5. Ohne Thomas ist nichts los.	☐	☐
3. Olga findet Sonntage toll!	☐	☐				

b   Hör die Sätze und sprich nach. (2.18)

8 **a** **Welches Bild passt? Ordne zu.**

1. _____ Vor dem Essen deckt sie den Tisch.

2. _____ Er geht nach der Schule zum Basketballplatz.

3. _____ In fünf Minuten fängt der Film an.

4. _____ Nach dem Training sind die Spielerinnen müde.

5. _____ Er muss vor dem Konzert viel üben.

6. _____ Die Klasse 7a schreibt in einer Woche einen Test.

online 4

b **Was passt? Kreuze an.**

1. ☐ Nach ☐ In der Arbeit gehen mein Vater und ich einkaufen.

2. ☐ Vor ☐ Nach dem Schulfest müssen wir viel planen.

3. Was? ☐ Vor ☐ In zwei Tagen schreiben wir den Deutschtest?

4. Was machst du ☐ nach ☐ in den Ferien? Fahrt ihr weg?

5. Meine Hausaufgaben mache ich immer ☐ in ☐ vor dem Abendessen.

6. Gehen wir ☐ nach ☐ vor der Schule ins Kino?

c **Wann machst du das? Schreib kurze Antworten mit *nach*, *vor* und *in*. Achte auf die richtige Form der Artikel.**

1. Wann machst du deine Hausaufgaben?   _Nach dem Abendessen._

2. Wann schreibst du einen Test?   _____

3. Wann machst du Sport oder Musik?   _____

4. Wann triffst du deine Freunde?   _____

5. Wann gehst du ins Kino?   _____

6. Wann lernst du Vokabeln?   _____

9

online
5

a Lies die Wegbeschreibung. Wo ist die Post? Welcher Plan passt?

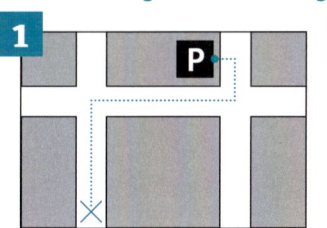 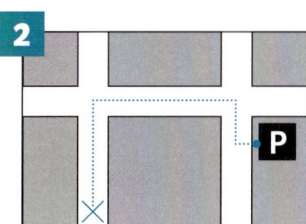

_____ Geh geradeaus, dann nach rechts und dann wieder nach rechts. Die Post ist links.

b Hör die Wegbeschreibungen. Zeichne die Wege ein.

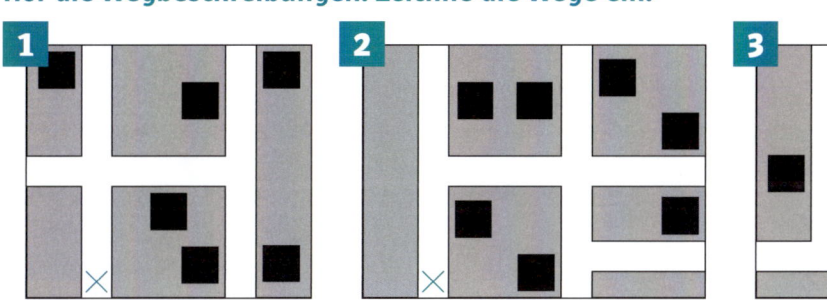

c Ordne die Wegbeschreibung.

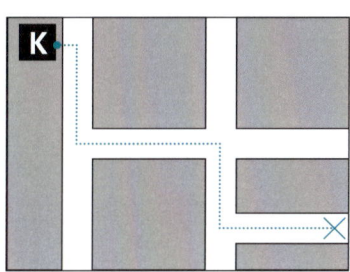

_____ Dann gehst du nach links …

_____ Das Kino ist links.

_____ und dann wieder nach rechts.

_____ und dann gehst du nach rechts.

_____ Geh zuerst geradeaus …

d Beschreibe den Weg zur Schule und zur Metzgerei.

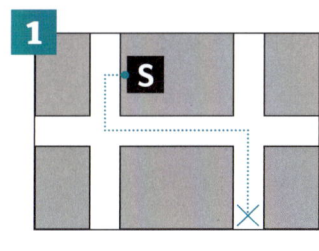 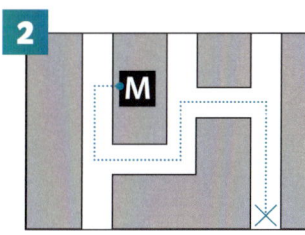

_____

_____

_____

_____

10 Lernen – üben – spielen. Wie heißen die Wörter? Ergänze *a, e, i, o, u.*

1. Ze itung

2. w_nd_rb_r

3. W_ttk_mpf

4. r_chts

5. g_r_d___s

6. _ntsch_ld_g_ng

7. T_st

8. H_ng_r

Wichtige Wörter

Seite 105

aus sein
  (Die Schule ist aus.) _____

an|packen _____

aus|rasten _____

das **Baby**, -s _____

babysitten _____

der Einkauf,
  Einkäufe _____

tragen *(er/es/sie trägt)*
  (Er trägt den Einkauf
  nach Hause.)

die **Flasche**, -n _____

freihaben
  (er/es/sie hat frei) _____

der **Müll** _____

weg|bringen _____

raus|gehen _____

skaten _____

sitzen _____

warten _____

wahr _____

nebenan _____

der Fußballplatz,
  Fußballplätze

das Gedicht, -e _____

Seite 106

der **Artikel**, - *(Lies*
  den Artikel aus der
  Zeitung.) _____

der **Haushalt**, -e _____

die Spül-
  maschine, -n _____

aus|räumen _____

ein|räumen _____

decken *(Marie*
  deckt den Tisch.)

zu Abend essen _____

die **Wäsche** _____

auf|hängen _____

füttern _____

der Rasen, - _____

mähen _____

raus|bringen _____

sauber machen _____

passieren _____

das **Mal**, -e *(Er gibt mir*
  jedes Mal drei Euro.) _____

innen _____

und so _____

die Uroma, -s _____

Seite 107

ab|räumen *(den Tisch abräumen)*

außerdem

so viel

vergessen *(er/es/sie vergisst)*

Seite 108

die Aula, -s

das Märchen, -

die Premiere, -n

proben

der Regisseur, -e

das Theaterstück, -e

der Zauberer, -

böse

der **Moment**, -e *(im Moment)*

ohne *(ohne meinen Freund)*

pro *(pro Woche)*

die **Woche**, -n

ziemlich

der Gewinner, -

der Wettkampf, Wettkämpfe

der Schwimmclub, -s

die Fitness

gefährlich

klettern

die Kletterhalle, -n

der Journalismus

die **Journalistin**, -nen

die **Zeitung**, -en

Seite 109

bezahlen

das Leben, -

die **Note**, -n

der **Ausflug**, Ausflüge

die Klamotten (Pl.)

der **Urlaub**, -e

der **Quatsch**

beide

die Bewegung, -en

Seite 110

der Schulhof, Schulhöfe

die Hausarbeit, -en

der Klavierunterricht

die Theatervorführung, -en

Seite 111

der Weg, -e

die Wegbeschreibung, -en

das **Ziel**, -e

entschuldigen *(Entschuldige, wo ist …?)*

geradeaus

vor *(Ihr seid vor der Schule.)*

der Roboter, -

jonglieren

der **Zirkus**, -se

das Mitglied, -er

Was kann ich?

1 Ich kann sagen, was ich am Nachmittag mache.
→ KB/ÜB A1, A2, A4

Kletter-AG   Freunde treffen   Tisch decken   zusammen essen

Am Montag habe ich _____.   Manchmal _____.

Zu Hause _____.   Meine Familie und ich _____.

2 Ich kann sagen, wann ich etwas mache.
→ KB/ÜB A8

Wann putzt du deine Zähne?

Wann lernst du Grammatik?

Wann fangen die Ferien an?

✦ vor ✦ nach ✦
✦ in ✦

✦ zwei Wochen ✦ dem Essen ✦
✦ dem Test ✦

3 Ich kann einen Weg beschreiben.
→ KB/ÜB A9

Entschuldigung, wie komme ich zum Kino?

Weg beschreiben
geradeaus
rechts
links

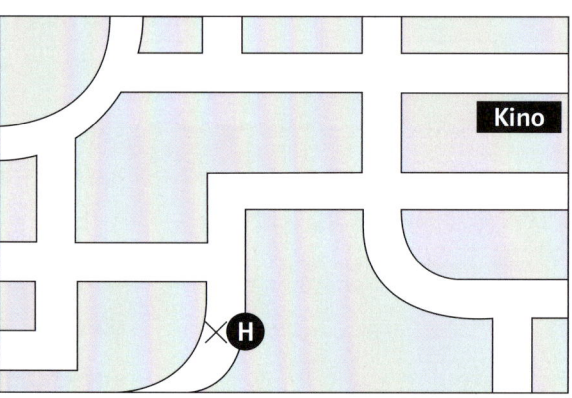

Kino

So lerne und übe ich

4 Ich beantworte W-Fragen, wenn ich einen Text lese.
☐ manchmal ☐ oft ☐ nie

Wer? Was? Wie?

Ich helfe gerne! Du auch?

Jugendliche helfen Senioren. Mach mit!

Wir gehen einkaufen. Wir lesen zusammen die Zeitung.
Wir räumen auf.

Bist du 14 bis 18 Jahre alt und hast Interesse? Dann
schreib uns: junghilftalt@net.de

1

a Was wollen die Jugendlichen in den Ferien machen? Ordne jeder Person zwei Aktivitäten zu und schreib die Sätze ins Heft.

A Clara will in den Ferien ...
B Paula ...
C Luis ...

✦ ins Museum gehen ✦ Tischtennis spielen ✦ im Meer schwimmen ✦ ✦ eine Radtour machen ✦ surfen ✦ ✦ Schloss Schönbrunn besuchen ✦

b Wo liegt das? Sieh auf die Karte im Kursbuch. Was ist richtig? Kreuze an.

☒ 1. Genf liegt im Westen von der Schweiz.
☐ 2. Dresden liegt im Osten von der Schweiz.
☐ 3. Köln liegt im Westen von Österreich.
☐ 4. Berlin liegt im Süden von Deutschland.

☐ 5. München liegt im Süden von Deutschland.
☐ 6. Rostock liegt im Norden von Deutschland.
☐ 7. Innsbruck liegt im Westen von Österreich.

c Korrigiere die falschen Sätze aus 1b im Heft.

d Lies die Anzeigen und die Sätze. Welche Anzeige passt zu wem? Ordne zu.

A

OUTDOOR-ZENTRUM AUF RÜGEN

Du willst in der Ostsee nicht nur surfen? Tolle Aktivitäten warten auf dich in unserem Kletterwald mit elf Parcours! Du willst einmal mit einem Bogen schießen? Unsere Trainer zeigen es dir! Zwei Stunden Klettern oder Bogenschießen ab 28 €.

B

Klettersteig in der Schweiz

Du warst schon mal klettern und magst die Berge? Du hast Schuhe und was du zum Klettern brauchst? Dann ist unser Klettersteig genau richtig für dich und deine Freunde oder deine Familie. Ab 10 Jahren.

C

AKTIVPARK HOHENFELDEN

Im Süden von Erfurt in unserem Aktivpark bieten wir verschiedene Aktivitäten an. Du kannst Golf spielen, im Kletterwald auf sieben Parcours klettern, Bogen schießen, auf dem See Boot fahren, schwimmen und vieles mehr.

1. Zoe war schon oft klettern. Sie ist gerne in den Bergen. _____

2. David mag Surf-Urlaub, aber er möchte auch klettern und Bogen schießen. _____

3. Ida möchte gerne Bogen schießen. Sie findet Golf auch interessant. _____

2

a Der erste Ferientag – Was haben die Schüler gemacht? Verbinde.

1. Marie hat im Park Fußball
2. Clara hat eine Jacke
3. Henri hat mit seinem Vater eine Pizza
4. Mia hat Hiphop
5. Paula hat mit ihrer Schwester ein Bild
6. Sinan hat Musik

A getanzt.
B gemalt.
C gehört.
D gekauft.
E gemacht.
F gespielt.

2.20
online
1

b Hör das Gespräch. Wer hat was gemacht? Kreuze an.

1. ☐ Mia ☒ Jannik hat Englisch gelernt.

2. ☐ Mia ☐ Jannik hat Computer gespielt.

3. ☐ Mia ☐ Jannik hat ein Handy gekauft.

4. ☐ Mia ☐ Jannik hat im Garten gearbeitet.

5. ☐ Mia ☐ Jannik hat Basketball gespielt.

6. ☐ Mia ☐ Jannik hat Musik gehört.

3

a Wie heißt das Partizip II? Notiere. Die Sätze aus 2 helfen.

1. arbeiten _gearbeitet_
2. hören _____
3. kaufen _____
4. kochen _____
5. lernen _____

6. machen _____
7. malen _____
8. regnen _____
9. spielen _____
10. tanzen _____

b Ergänze die Nachrichten mit den Formen aus 3a.

Hey Lina, wie sind deine Ferien? Hier ist es langweilig. Ich habe gestern nur am Computer _____ (1) und Musik _____ (2).

Hallo Oskar, meine Freundin aus Berlin ist hier und wir haben gestern zusammen Spaghetti _____ (3). Das war lustig! Und lecker!

Hi Marco, das Wetter ist schrecklich, es hat gestern den ganzen Tag _____ (4). Ich habe mit meinem Bruder Vokabeln _____ (5) und Klavier _____ (6). Toll, oder? ☹

Hey Emma, ich war mit Theo und Alex im Park, wir haben Fußball _____ (7). Dann haben wir ein Eis am Marktplatz _____ (8). Es war total teuer! 2,50!

4 **a** **Wie heißt das Partizip II? Notiere.**

1. telefonieren _____   3. organisieren _____

2. fotografieren _____

 online 2

b **Bilde Sätze. Markiere in den Sätzen *haben* und das Partizip II.**

1. Marie – haben – gestern – telefonieren – mit Kim – .

   Marie **hat** _gestern mit Kim_ **telefoniert**. _____

2. haben – du – machen – gestern – Was – ?

   _____

3. Ich – Ballett – tanzen – haben – .

   _____

4. gestern – Haben – ihr – Basketball – spielen – ?

   _____

5. Luis – haben – fotografieren – seine Freunde – .

   _____

6. Wir – gestern – mit Kim – haben – reden – .

   _____

c **Was hat Henri gestern gemacht? Schreib Sätze zu den Bildern.**

1. Henri hat …

5 **a** *Wo* oder *Wohin*? Lies die Sätze und kreuze an.

Wo? Wohin?

☐ ☒ 1. Heute fahren wir in die Stadt.
☐ ☐ 2. Wir treffen Tante Gabi im Zentrum.
☐ ☐ 3. Dann gehen wir in den Zirkus.
☐ ☐ 4. Er ist in einem Park.
☐ ☐ 5. Mein Bruder möchte lieber auf einen Skaterplatz fahren.
☐ ☐ 6. Danach besuchen wir meine Großeltern. Sie wohnen am Park.
☐ ☐ 7. Da sitzen wir auf dem Balkon und essen zusammen.
☐ ☐ 8. Am Abend fahren wir an den See: schwimmen und chillen.

b Wie heißen die Kurzformen? Ergänze.

Ich bin

1. in dem Kino → _____ Kino

2. an dem Meer → _____ Meer

Ich gehe

3. in das Kino → _____ Kino

4. an das Meer → _____ Meer

online
3

c Was passt? Markiere.

1. ● Gehst du auch in der / in die Bäckerei?   ○ Nein, keinen Hunger.
2. ● In den Ferien fahren wir am / ans Meer.   ○ Echt? Ich mag die Berge lieber.
3. ● Wo wohnst du?   ○ Auf dem / Auf den Berg.
4. ● Ich war schon einmal an der / an die Nordsee. Und du? ○ Nee, ich noch nicht.
5. ● Gestern war ich im / ins Kino.   ○ Und? Wie war der Film?
6. ● Wir klettern auf dem / auf den Berg. Und du? ○ Ich auch!

d Was passt? Ergänze die Präposition mit Artikel oder die Kurzform.

✦ auf den ✦ auf dem ✦ am ✦ ans ✦ in die ✦ ins ✦ im ✦ im ✦

Hi Tina. Wie ist der Ferien-Club?
Was machst du heute?

Hi Benni, es ist super! Heute ist das Wetter
schön und wir fahren _____ (1) Meer.

Und dann?

Wir sind _____ (2) Strand. Mittags
gehen wir _____ (3) Stadt und
kaufen ein. Dann sind wir _____ (4)
Park und machen ein Picknick.

Toll! Und nachmittags?

Nachmittags gehen wir _____ (5)
Sportplatz und spielen Fußball.
_____ (6) Sportplatz ist ein Turnier.

Und danach?

Danach schnell duschen und essen.
Dann treffen wir uns _____ (7) Kino.

Gehen alle _____ (8) Kino?

Ja, klar.

e Was machen Kim und Marie? Schreib die Sätze.

1. gehen – in – das Eiscafé – Kim und Marie – .
2. das Schwimmbad – sein – Marie – in – .
3. lieber – Kim – fahren – der See – an – .
4. Sie – an – der See – sitzen – sehr gerne – .
5. am Freitag – sein – auf – Kim und Marie – der Sportplatz – .

 1. Kim und Marie gehen ins Eiscafé.

6 **a** **Pia schreibt eine Postkarte aus Lugano in der Schweiz. Die Karte ist nass und du musst die Wörter ergänzen. Was passt?**

✦ ine Elt ✦ ch Hau ✦ eilig ✦ geler ✦ inde ✦ Kon ✦ onntag ✦ rrad fah ✦ Se ✦ ~~st to~~ ✦ ufe ✦

Hallo Lisa,

liebe Grüße aus Lugano. Die Stadt <u>ist toll</u> und unser Hotel ist
direkt am _____e. Wir machen jeden Tag Sport:
Schwimmen, Fah_____ren und Wasser-Ski!!! Das
habe ich heute _____nt. Ich f_____ es
sehr cool. Am Samstag fahren wir von Lugano nach Bregenz. Da
gehen me_____ern in ein _____zert. Das
ist bestimmt langw_____. Aber ich gehe mit. Und am
S_____ kommen wir zurück na_____se.
Dann r_____ ich dich an.
Bis bald, Pia

Lisa Schmitt

Elfenweg 2

97074 Würzburg

b **Schreib eine Postkarte. Wähle aus jeder Zeile einen Teil aus.**

Lieber …,   Hallo …,   Liebe …,   Hi …,

ich bin in …   viele Grüße aus …   wie geht's?   … ist super.

Hier ist es lustig / sehr nett / …   Der Urlaub macht Spaß.   Das Wetter ist gut.   Die Stadt ist klasse / interessant / …

Ich war im Stadion / am Strand / im Park / im Zoo.   Wir besuchen meine Oma / ein Museum / ein Konzert.

Das war toll.   Das war nicht so schön.   Das war langweilig.   Das war super.

Die Leute sind nett/freundlich.   Ich habe viele Fotos / einen Ausflug / … gemacht.

Morgen fahren wir nach Hause.   Wir kommen bald zurück.   Ich bin am Montag wieder da.

Liebe Grüße,   Bis bald,   Bis nächste Woche,

c **Einmal um die Welt – Ergänze *von, nach* oder *in*. Manchmal musst du auch einen Artikel ergänzen.**

Wir fliegen …

1. ___<u>von</u>___ Polen _<u>in die</u>_ USA.
2. _____ Paris _____ Madrid.
3. _____ Spanien _____ Brasilien.
4. _____ Türkei _____ Russland.
5. _____ Lissabon _____ Berlin.
6. _____ Schweiz _____ Türkei.

d **Wo passt *man*? Kreuze an.**

1. Wo ist Paul? Kann ☐ heute nicht kommen?
2. In London kann ☐ die Tower Bridge sehen.
3. Das Ferien-Camp ist super. ☐ trifft immer nette Leute.
4. Im Internet kann ☐ Hotels finden.
5. Sandra findet die Ferien langweilig. ☐ ist immer allein.

e **Schreib die Sätze aus 6d richtig ins Heft.**

1. Wo ist Paul? Kann er heute …

7

a Eine Tasse ... – Was passt zusammen? Verbinde.

A Kuchen

1. eine Tasse — B Pommes
2. ein Stück — C Kakao
3. eine Portion — D Kaffee
E Pizza
F Tee

online 4 **b Was nehmen Clara und Frau Schmidt? Sieh die Bilder an und ergänze den Dialog.**

Kellner	Guten Tag, was möchtest du?
Clara	Guten Tag. Ich nehme _einen Salat und ..._____.
Kellner	Möchtest du etwas trinken?
Clara	Ja, _____ bitte.
Kellner	Und Sie?
Frau Schmidt	Ich nehme _____.
Kellner	Möchten Sie auch etwas trinken?
Frau Schmidt	Eine Tasse Tee. Nein, lieber _____.
Kellner	Danke. Das bringe ich sofort.

Clara

Frau Schmidt

c Macht einen Dialog wie in 7b. Spielt den Dialog zu dritt.

A

B

d Dialog A oder Dialog B? Ordne zu.

✦ ~~Vielen Dank! Auf Wiedersehen!~~ ✦ Danke schön. Ein Kaffee, das macht 2,50 Euro. ✦
✦ Getrennt, bitte. Ich bezahle die Cola und die Currywurst. ✦ Vielen Dank! ✦
✦ Zusammen oder getrennt? ✦ Das macht zwölf Euro. ✦

A
● Ich möchte bezahlen.   ○ _____
● Zusammen, bitte.   ○ _____
● Stimmt so.   ○ _Vielen Dank! Auf Wiedersehen._____

B
● Wir möchten bezahlen.   ○ Zusammen oder getrennt?
● _____
_____   ○ Das macht dann 5,50 Euro.
● Sechs, bitte.   ○ _____
● 3 Euro, bitte.   ○ _____

8 **a** **Wie ist das Wetter? Ordne zu.**

online 5

✦ 1. Es ist kalt und es schneit. ✦ 2. Es regnet. ✦ 3. Die Sonne scheint. ✦ 4. Es sind 22 Grad. ✦ 5. Es ist heiß. ✦

A ____ 　B ____ 　C ____ 　D ____ 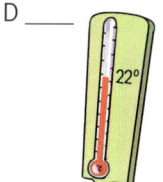　E ____

b **Sieh die Wetterkarte an und ergänze die Sätze.**

1. In Madrid _____ die Sonne. Es sind

   _____ Grad.

2. Es _____ in London.

3. In Wien sind es _____ Grad.

4. In Rom ist es _____, 40 Grad!

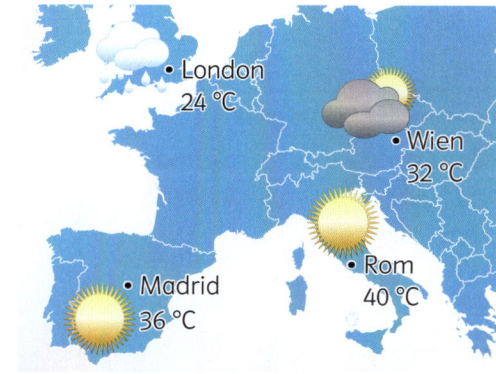

c **Wie ist das Wetter in deinem Ort? Schreib drei Sätze.**

9 2.21

Sag mal . . . Mit Emotionen sprechen – Hör zuerst das Beispiel. Sprich die Sätze dann mit verschiedenen Emotionen.

Beispiel: Oh, es regnet.

1. Es ist sehr heiß.
2. Es ist total kalt heute.
3. Heute sind es 25 Grad.

10

Lernen – üben – spielen. Arbeitet zu zweit. Jeder/Jede ergänzt einen Text. Diktiert euch dann den Text und korrigiert.

A

In den Ferien war ich am _____ (1)

Es hat nie _____ (2).

Ich war jeden Tag am _____ (3)

und mein Bruder und ich haben

_____ (4) gespielt.

Die Ferien waren super!

(1) Meer, (2) geregnet, (3) Strand, (4) Volleyball

(1) Bergen, (2) warm, (3) fotografiert, (4) Klettern

B

In den Ferien war ich in den _____ (1)

Das Wetter war gut, es war immer _____ (2).

Ich habe jeden Tag viel (3) _____.

(4) _____ war anstrengend, aber auch total cool.

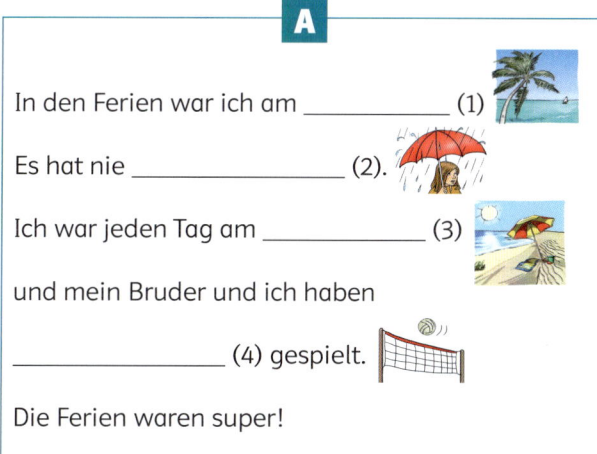

Wichtige Wörter

Seite 113

ab *(Ab in die Ferien!)* _____

der **Berg**, -e _____

das **Meer**, -e _____

die Radtour, -en _____

liegen *(Rügen. Wo liegt das?)* _____

Himmelsrichtungen

der **Norden**   der **Süden**
der **Osten**   der **Westen**
in der **Mitte**

NORDEN
WESTEN   OSTEN
SÜDEN

Seite 114

dumm _____

haben *(er/es/sie hat)* *(Ich habe gestern ein T-Shirt gekauft.)* _____

der **Laptop**, -s _____

regnen _____

das **Wetter** _____

Seite 115

reden _____

organisieren _____

vorgestern _____

Seite 116

das Abenteuer, - _____

anstrengend _____

der Dschungel, - _____

der Pilz, -e _____

der **Wald**, Wälder _____

der Pool, -s _____

springen _____

der **Traum**, Träume _____

die Wirklichkeit _____

ans *(= an das)* _____

liegen *(Sie liegt am Strand.)* _____

die **Kasse**, -n _____

heiß _____

kalt _____

Seite 117

freuen _____

man _____

von … nach … _____

die **Reise**, -n _____

die Route, -n _____

wandern _____

die Fantasie, -n _____

die **Postkarte**, -n _____

die Anrede, -n _____

bis bald _____

denken _____

fliegen _____

freundlich _____

interessant _____

jung _____

sympathisch _____

Seite 118

Radfahren _____

hungrig _____

die Bratwurst, Bratwürste _____

die Orange, -n _____

die **Pommes** (Pl.) _____

die **Portion**, -en _____

die Speise, -n _____

die Limo, -s _____

die **Tasse**, -n _____

die **Speisekarte**, -n _____

bestellen _____

der **Durst** _____

getrennt (*Zusammen oder getrennt?*) _____

der **Kellner**, - _____

schade _____

Stimmt so. _____

Seite 119

ganz (*Es regnet schon den ganzen Tag.*) _____

das Mistwetter _____

der **Regen** _____

scheinen (*Die Sonne scheint.*) _____

schneien _____

der **Schnee** _____

eigene, eigener _____

kreativ _____

Was kann ich?

1 **Ich kann über Vergangenes sprechen.**
→ KB/ÜB A2, A3, A4

Was hat Lukas heute gemacht?

_____   _____   _____   _____

_____   _____   _____   _____

2 **Ich kann über Ferienziele sprechen.**
→ KB/ÜB A5, A6

Wohin fährst du in den Ferien?

Wir fahren   in die _____   ans _____   nach _____

Wo bist du? Wir sind   ____ ____ _____   ____ _____   _____ _____

3 **Ich kann Speisen und Getränke bestellen und bezahlen.**
→ KB/ÜB A7

Ich _____ _____ _____ _____  und _____ _____ .

Ich _____ _____. – Das macht 6 Euro.

4 **Ich kann über das Wetter sprechen.**
→ KB/ÜB A8

Berlin 18 Grad   **München** 26 Grad

In Berlin _____   In München _____

_____   _____

So lerne und übe ich

5 **Ich lese Texte laut und nehme mich auf. Ich wiederhole, bis ich flüssig spreche.**   ☐ manchmal ☐ oft ☐ nie

Den Schulalltag kennen wir alle. Aber was passiert danach? Erst chillen oder erst Hausaufgaben machen? Den Eltern helfen? Was müsst ihr nach der Schule machen? Müsst ihr …?

Hören Teil 1

Du hörst **drei** Nachrichten am Telefon.
Zu jeder Nachricht gibt es Aufgaben.
Kreuze an: a , b oder c .
Du hörst jede Nachricht **zweimal**.

In der Prüfung musst du alle Antworten auf
einem Antwortbogen ankreuzen oder schreiben.
Du darfst nicht mit Bleistift schreiben.

Beispiel:

0 Lisas Mutter kommt später. Sie ist noch

a zu Hause. ☒ in der Arbeit. c beim Arzt.

Lies die Aufgaben 1 und 2.

1 Liane ist gerade

a bei Ella. b im Schwimmbad. c in der Schule.

2 Der Vater muss Liane am Nachmittag

a zum Training bringen. b vom Schwimmbad abholen. c in Biologie helfen.

Jetzt hörst du die **erste** Nachricht am Telefon.

Du hörst die erste Nachricht **noch einmal**.
Markiere **dann** die Lösung zu Aufgabe 1 und 2.

Lies die Aufgaben 3 und 4.

3 Costa muss heute

a seinen Opa besuchen. b lernen. c zum Volleyball gehen.

4 Am Wochenende möchte Costa mit Ben

a feiern. b zu Vito gehen. c Sport machen.

Jetzt hörst du die **zweite** Nachricht am Telefon.

Du hörst die zweite Nachricht **noch einmal**.
Markiere **dann** die Lösung zu Aufgabe 3 und 4.

Lies die Aufgaben 5 und 6.

5 Leila geht noch in den Supermarkt und kauft für die Party

| a | Chips. | b | Schokolade. | c | Kuchen. |

6 Die Party bei Miriam ist

| a | am Vor-mittag. | b | am Nach-mittag. | c | am Abend. |

Jetzt hörst du die **dritte** Nachricht am Telefon.

Du hörst die dritte Nachricht **noch einmal**.
Markiere **dann** die Lösung zu Aufgabe 5 und 6.

 # Hören Teil 2

Du hörst **zwei** Gespräche.
Zu jedem Gespräch gibt es Aufgaben.
Kreuze an: richtig oder falsch.
Du hörst jedes Gespräch **zweimal**.

Beispiel:

0 Lisa und Lukas wollen zusammen Pizza essen.　　richtig　　~~falsch~~

Lies die Sätze 7, 8 und 9.

7 Luisa muss am Wochenende arbeiten.　　richtig　　falsch

8 Luisa möchte gern schwimmen gehen.　　richtig　　falsch

9 Mara und Luisa gehen am Mittwoch ins Kino.　　richtig　　falsch

Jetzt hörst du das **erste** Gespräch.

Du hörst das erste Gespräch **noch einmal**.
Markiere **dann** für die Sätze 7, 8 und 9:
richtig oder falsch.

Lies die Sätze 10, 11 und 12.

10 Simon hat eine gute Note in Englisch bekommen.　　richtig　　falsch

11 Kilian ist in Englisch schlecht.　　richtig　　falsch

12 Simon möchte Kilian in Englisch helfen.　　richtig　　falsch

Jetzt hörst du das **zweite** Gespräch.

Du hörst das zweite Gespräch **noch einmal**.
Markiere **dann** für die Sätze 10, 11 und 12:
richtig oder falsch.

4

Lies bitte die zwei Anzeigen aus der Zeitung.

Anzeige 1

Mit der Bahn mobil:

Die neue Schülerkarte für tolle, aktive Wochenenden macht's möglich!

Mit der Fahrkarte können Kids am Wochenende mit der Bahn kreuz und quer durch ganz Deutschland fahren: von Stadt zu Stadt, zum Schwimmen, in den Club, zum Wandern …

Für nur 150 Euro im Jahr!

Die Fahrkarte gilt

- für alle S-Bahnen und Züge des Nahverkehrs. Fernzüge sind vom Angebot ausgeschlossen.

- für alle Schülerinnen und Schüler bis 21 Jahre.

Infos u. Verkauf an allen Bahnhöfen und im Netz: www.bahn-regionalverkehr...

Anzeige 2

Sprachen lernen mit Spiel und Spaß ...

… in unseren Ferien-Sprach-Camps im schönen Schweizer Ort Gottlieben am Bodensee.

Du möchtest tolle Ferien haben, neue Leute kennenlernen und nebenbei Englisch, Spanisch oder Französisch lernen?

In der Freizeit kannst du täglich tolle Angebote nutzen, z. B. Surfen, Reiten, Segeln, Theater- oder Kreativ-Workshops.

Unsere Termine in diesem Jahr sind 20.7. bis 27.7 und 1.8. bis 8.8.

Teilnehmen können alle Schülerinnen und Schüler von 10 bis 15 Jahren.

Mehr Informationen findest du hier:
www.schindler-sprachferien-club.ch

Aufgaben 1 bis 6.
Kreuze an: a , b oder c .

Beispiel zu Anzeige 1:

0 Das Angebot ist für

- a alle.
- b Erwachsene.
- ☒ Jugendliche.

Anzeige 1

1 Wann kann man reisen?

- a Immer am Wochenende.
- b Die ganzen Ferien.
- c Jeden Tag für ein Jahr.

2 Wo kann man fahren?

- a In einer Stadt und in der Nähe.
- b In zwei Städten.
- c In ganz Deutschland.

3 Wie kann man reisen?

- a Mit dem Zug.
- b Mit dem Bus.
- c Mit der U-Bahn.

Anzeige 2

4 Die Anzeige ist für

- a Sprachferien im Sommer.
- b eine Sportwoche.
- c ein Theater Camp.

5 Wohin fährt man?

- a Nach Frankreich.
- b Nach Spanien.
- c In die Schweiz.

6 Mehr Informationen bekommt man

- a im Internet.
- b in der Zeitung.
- c in der Schule.

Lesen Teil 2

In einer Zeitschrift findest du zwei Texte über Jugendliche in Deutschland.
Lies bitte die Beschreibungen.

Beschreibung 1

Ich heiße Leonard Becker. Aber alle nennen mich Leo. Ich bin 13 und wohne mit meiner Familie in Linz. Meine Familie, das sind meine Mutter, mein Vater, ich und meine zwei kleinen Schwestern Klara und Martha. Sie sind 9 und 7 Jahre alt und streiten oft. Das nervt manchmal. Sie haben ein Zimmer zusammen. Ich habe zum Glück mein eigenes Zimmer, denn ich brauche viel Platz und Ruhe für meine Musik. Ich liebe Musik und spiele Schlagzeug und Gitarre.

Beschreibung 1

Hi, ich heiße Lilly Bliem. Ich bin 12 und komme aus Greifswald. Ich wohne mit meinen Eltern in einem großen Haus mit Garten. Da kann man im Sommer gut draußen feiern und grillen. Das finde ich toll. Ich lade oft meine Freundinnen ein. Meine Oma und mein Opa wohnen in der Nähe. Das ist schön. Ich kann sie immer besuchen. Meine Eltern arbeiten viel. Leider habe ich keine Geschwister. Das finde ich manchmal schade.

Aufgaben 7 bis 12. Was ist richtig und was ist falsch?

Beispiel zu Beschreibung 1:

0 Leo hat zwei große Geschwister.   richtig   ~~falsch~~

Beschreibung 1

7 Leos Schwestern haben viel Streit.   richtig   falsch

8 Leo wohnt mit seinen Schwestern in einem Zimmer.   richtig   falsch

9 Leo macht gern Musik.   richtig   falsch

Beschreibung 2

10 Lilly wohnt mit ihrer Familie in einem Haus.   richtig   falsch

11 Lilly grillt gern im Garten.   richtig   falsch

12 Lilly wohnt mit ihren Eltern und Großeltern zusammen.   richtig   falsch

Schreiben

Du hast diese E-Mail bekommen.
Antworte darauf bitte mit mindestens 30 Wörtern.

Hallo,

ich bin Nico aus Flensburg. Am nächsten Freitag werde ich 13 Jahre
alt. Ich freue mich schon auf meinen Geburtstag. Ich feiere mit meinen
Freunden. Wir gehen zusammen ins Schwimmbad. Dann essen wir bei mir
zu Hause Kuchen und Pizza. Meine Freunde schlafen dann bei mir. Das
finde ich toll.
Wann hast du Geburtstag? Wie feierst du deinen Geburtstag?
Schreib mir bald!

Nico

Sprechen Teil 1

Sich vorstellen.

Name?
Alter?
Land?
Wohnort?
Schule?
Sprachen?
Hobby?

Sprechen Teil 2

Fragen stellen und auf Fragen antworten.

Thema: **Reisen**

Thema: Reisen	Thema: Reisen
Italien	mit Freunden/ Freundinnen
Thema: Reisen	**Thema: Reisen**
Zug/Auto/ Rad	am Meer
Thema: Reisen	**Thema: Reisen**
Urlaub mit den Eltern	zu Hause

Sprechen Teil 3

Bitten, Aufforderungen oder Fragen formulieren und darauf antworten oder reagieren.

Quellen

Quellen

Auftragsfotos von Dieter Mayr, München.
Illustrationen von Andrea Naumann, Aachen.
Die Nummer vor der Quellenangabe gibt die Buchseite und hinter dem Punkt die Bildposition auf dieser Buchseite an. Fotos ohne Quellenangabe kommen auf einer früheren Seite bereits vor und sind dort mit allen Angaben erwähnt.

Kapitel 1

6 Shutterstock (pASob), New York; **7.1** © dpa (Revierfoto), Frankfurt/M.; **7.2** picture alliance/rtn – radio tele nord (rtn, patrick becher), Frankfurt/M.; **7.3** picture alliance/Pressefoto Baumann (Julia Rahn), Frankfurt/M.; **7.4** mauritius images / Friedrich Stark / Alamy , Mittenwald; **7.5** Shutterstock (ppi09), New York; **7.6** Shutterstock (Jakl Lubos), New York; **7.7** Shutterstock (cirkoglu), New York; **7.8** Shutterstock (Olha Rohulya), New York; **7.9** Shutterstock (Rainer Lesniewiski), New York; **7.10** mauritius images / Friedrich Stark / Alamy , Mittenwald; **7.11** Shutterstock (matimix), New York; **7.12** Shutterstock (Adam Otvos), New York; **7.13** Shutterstock (Lukas Gojda), New York; **7.14** Shutterstock (M. Unal Ozmen), New York; **7.15** Shutterstock (Fortyforks), New York; **8.1** Shutterstock (Diego Cervo), New York; **8.2** Shutterstock (goodluz), New York; **8.3** Shutterstock (Pressmaster), New York; **9.1** Shutterstock (Shulevskyy Volodymyr), New York; **10.1** Shutterstock (Africa Studio), New York; **10.2** Shutterstock (MSSA), New York; **10.3** Shutterstock (fizkes), New York; **10.4** Shutterstock (Erik Lam), New York; **10.5** Shutterstock (Sergey Nivens), New York; **10.6** Shutterstock (Rawpixel.com), New York; **10.7** Shutterstock (Syda Productions), New York; **10.8** Shutterstock (Oktava), New York; **10.9** Shutterstock (Monkey Business Images), New York

Kapitel 2

16.1 Shutterstock (KateStone), New York; **16.2** Shutterstock (sylv1rob1), New York; **17** Shutterstock (Jacek Chabraszewsk), New York; **18.1** Shutterstock (Monkey Business Images), New York; **18.2** Shutterstock (Lestertair), New York; **21.1** Shutterstock (morrowlight), New York; **21.2** Shutterstock (morrowlight), New York; **24** Shutterstock (Fotokostic), New York

Kapitel 3

26.1 Shutterstock (Billion Photos), New York; **26.2** Shutterstock (Bjoern Wylezich), New York; **26.3** Shutterstock (ILYA AKINSHIN), New York; **26.4** Shutterstock (ajt), New York; **26.5** Shutterstock (Gena96), New York; **26.6** Shutterstock (yod67), New York; **26.7** Shutterstock (Kaesler Media), New York; **26.8** Shutterstock (MyImages – Micha), New York; **26.9** Shutterstock (OmniArt), New York; **29.1** Shutterstock (ESB Professional), New York; **29.2** Shutterstock (MNI), New York; **29.3** Shutterstock (antos777), New York; **29.4** Shutterstock (A_M_Radul), New York; **29.5** Shutterstock (villorejo), New York; **29.6** Shutterstock (goodluz), New York; **29.7** Shutterstock (studiovin), New York; **29.8** Shutterstock (Mikhail Khusid), New York; **31.1** Shutterstock (aimy27feb), New York; **31.2** Shutterstock (Tim UR), New York; **31.3** Shutterstock (Avirut S), New York; **31.4** Shutterstock (Ian 2010), New York; **31.5** Shutterstock (ScofieldZa), New York; **31.6** Shutterstock (PriceM), New York; **31.7** Klett-Archiv (Felicia Lembeck), Stuttgart; **31.8** Shutterstock (Madlen), New York; **31.9** Shutterstock (IB Photography), New York; **31.10** Shutterstock (Alex Sun), New York; **31.11** Shutterstock (brizmaker), New York; **31.12** Shutterstock (ermess), New York; **31.13** Shutterstock (Robert Babczynski), New York; **31.14** Shutterstock (MPanchenko), New York

Testtraining 1

35.1 Shutterstock (Kiselev Andrey Valerevich), New York; **35.2** Shutterstock (goodluz), New York; **36.1** Shutterstock (Max Topchii), New York; **36.2** Shutterstock (p_ponomareva), New York

Kapitel 4

37.1 Shutterstock (supparsorn), New York; **37.2** Shutterstock (Vladimiroquai), New York; **37.3** Shutterstock (vasabii), New York; **37.4** Shutterstock (AFANASEV IVAN), New York; **37.5** Shutterstock (Richard Peterson), New York; **37.6** Shutterstock (Roman Pelesh), New York; **37.7** Shutterstock (Mikbiz), New York; **37.8** Shutterstock (gualtiero boffi), New York; **37.9** Shutterstock (Cineberg), New York; **37.10** Shutterstock (LINE ICONS), New York; **37.11** Shutterstock (Maceofoto), New York; **37.12** Shutterstock (LanKS), New York; **37.13a** Shutterstock (Peshkova), New York; **37.13b** Shutterstock (gresei), New York; **37.14** Shutterstock (Superheang168), New York; **37.15** Shutterstock (Sebastian Tomus), New York; **37.16** Shutterstock (Voyagerix), New York; **37.17** Shutterstock (Ivo Antonie de Rooij), New York; **38** Dieter Mayr , München

Kapitel 5

47.1 iStockphoto (nalozmen), Calgary, Alberta; **47.2** iStockphoto (Anna Kucherova), Calgary, Alberta; **47.3** stock.adobe.com (Schlierner), Dublin; **47.4** stock.adobe.com (rdnzl), Dublin; **47.5** Shutterstock (M. Unal Ozmen), New York; **47.6** stock.adobe.com (Friedberg), Dublin; **47.7** stock.adobe.com (Björn Wylezich), Dublin; **47.8** stock.adobe.com (Pixelspieler), Dublin; **47.9** iStockphoto (Wavebreakmedia), Calgary, Alberta; **47.10** iStockphoto (gopixa), Calgary, Alberta; **47.11** stock.adobe.com (Picture-Factory), Dublin; **47.12** iStockphoto (Neyya), Calgary, Alberta; **48.1** Shutterstock (Drozdowski), New York; **48.2** Shutterstock (studiovin), New York; **48.3** Shutterstock (Marlena Zagajewska), New York; **48.4** Shutterstock (Nattika), New York; **48.5** Shutterstock (Boudikka), New York; **48.6** Shutterstock (givaga),

New York; **49.1** Pizza: Shutterstock (stockcreations), New York; **49.2** Orangensaft: Shutterstock (Evgeny Karandaev), New York; **49.3** Kuchen: Shutterstock (Elena Larina), New York; **49.4** Apfel: Shutterstock (CWIS , New York; **49.5** Zucker: Shutterstock (Seregam), New York; **49.6** Salat: Shutterstock (Ngukiaw), New York; **49.7** Käse: Shutterstock (azure1), New York; **49.8** Nudeln: Shutterstock (Walter Bilotta), New York; **49.9** Schokolade: Shutterstock (gresei), New York; **49.10** Milch: Shutterstock (Evgeny Karandaev), New York; **49.11** Salami: Shutterstock (Africa Studio), New York; **49.12** Ei: Shutterstock (Nattika), New York; **49.13** Brot: Shutterstock (simm49), New York; **49.14** Eis: Shutterstock (unpict), New York; **49.15** Banane: Shutterstock (bergamont), New York; **49.16** Brötchen: Shutterstock (orinocoArt), New York; **51** Shutterstock (Africa Studio), New York; **52.1** Shutterstock (MaraZe), New York; **52.2** Shutterstock (Lukas Gojda), New York; **52.3** Shutterstock (Jack Jelly), New York; **52.4** Shutterstock (matkub2499), New York; **52.5** Shutterstock (orinocoArt), New York; **52.6** Shutterstock (Karl Allgaeuer), New York; **52.7** Shutterstock (Gregory Gerber), New York; **52.8** Shutterstock (Viktor1), New York; **52.9** Shutterstock (EM Arts), New York; **52.10** Shutterstock (JeniFoto), New York; **52.11** Shutterstock (Abramova Elena), New York; **52.12** Shutterstock (Africa Studio), New York; **52.13** Shutterstock (AJR_photo), New York; **52.14** Shutterstock (Monkey Business Images), New York; **56.1** Shutterstock (Agri Food Supply), New York; **56.2** Shutterstock (Foodio), New York; **56.3** Shutterstock (leonori), New York; **56.4** Shutterstock (monticello), New York; **56.5** Shutterstock (AlenKadr), New York

Kapitel 6

60.1 Shutterstock (stock_shot), New York; **60.2** Shutterstock (ikhyon Kwon), New York; **60.3** Shutterstock (mariait), New York; **60.4** Shutterstock (Esin Deniz), New York; **60.5** Shutterstock (Olhastock), New York; **60.6** Shutterstock (Neil Lockhart), New York; **60.7** Shutterstock (Tracy Starr), New York; **61.1** Shutterstock (alexkich), New York; **61.2** Shutterstock (Velychko), New York; **61.3** Shutterstock (K_E_N), New York; **61.4** Shutterstock (Africa Studio), New York; **61.5** Shutterstock (Freedomz), New York; **61.6** Shutterstock (Standret), New York; **61.7** Shutterstock (YanLev), New York; **61.8** Shutterstock (Indypendenz), New York; **61.9** Shutterstock (Cherries), New York; **61.10** Shutterstock (Marsan), New York; **61.11** Shutterstock (Simon Kadula), New York; **64.1-3** Shutterstock (Margarita Levina), New York; **66.1** Shutterstock (Jennay Hitesman), New York; **66.2** Shutterstock (Arts Illustrated Studios), New York; **66.3** Shutterstock (quadshock), New York; **66.4** Shutterstock (Africa Studio), New York; **66.5** Shutterstock (WAYHOME studio), New York; **66.6** Shutterstock (zulufoto), New York

Kapitel 7

69.1 Shutterstock (Catalin Petolea), New York; **69.2** Shutterstock (Emese), New York; **69.3** Shutterstock (rawiwano), New York; **69.4** Shutterstock (Rawpixel.com), New York; **69.5** Shutterstock (Maria Sbytova), New York; **69.6** Shutterstock (Lapina), New York; **69.7** Shutterstock (VGstockstudio), New York; **69.8** Shutterstock (MJTH), New York; **69.9** Shutterstock (Monkey Business Images), New York; **70.1** Shutterstock (Air Images), New York; **70.2** Shutterstock (Jaroslaw Kurek), New York

Kapitel 8

79.1 Shutterstock (Vikitora), New York; **79.2** Shutterstock (Monkey Business Images), New York; **79.3** Shutterstock (kryzhov), New York; **79.4** Shutterstock (Africa Studio), New York; **81.1** Dieter Mayr , München; **81.2** Shutterstock (Alexander Raths), New York; **82** Shutterstock (RomanStrela), New York; **84.1** picture alliance/augenklick/ firo Sportphoto, Frankfurt/M.; **84.2** Photo by Emmanuel Wong/Getty Images; **84.3** Deutscher Alpenverein / Nils Nöll , München; **84.4** © dpa (Revierfoto), Frankfurt/M.; **85.1-3, 7, 9, 10** Shutterstock (Bojanovic), New York; **85.4** Shutterstock (vladmark), New York; **85.5** Shutterstock (Aleksandr Sulga), New York; **85.6, 8** Shutterstock (B Sanja), New York; **85.11** Shutterstock (Monkey Business Images), New York; **85.12** Shutterstock (Monkey Business Images), New York; **88.1** Shutterstock (Studio KIWI), New York; **88.2** Shutterstock (Yganko), New York; **88.3** Shutterstock (napatsorn aungsirichinda), New York; **88.4** Shutterstock (Cara-Foto), New York

Kapitel 9

89.1 Shutterstock (gowithstock), New York; **89.2** Shutterstock (maxstockphoto), New York; **89.3** Shutterstock (grebeshkovmaxim), New York; **89.4** Shutterstock (seeyou), New York; **89.5** Shutterstock (Daniela Pelazza), New York; **89.6** Shutterstock (Valentyn Volkov), New York; **89.7** Shutterstock (Robert Kneschke), New York; **89.8** Shutterstock (Borislav Bajkic), New York; **89.9** Shutterstock (Aaron Amat), New York; **89.10** Shutterstock (Scanrail1), New York; **90.1** Shutterstock (Makc), New York; **90.3** Shutterstock (Evgeny Kabardin), New York; **90.5** Shutterstock (urfin), New York; **90.6** Shutterstock (Milkovasa), New York; **91.1** Shutterstock (LADO), New York; **91.2** Shutterstock (markos86), New York; **91.3** Shutterstock (Nestor Rizhniak), New York; **91.4** Shutterstock (Serhii Bobyk), New York; **91.5** Shutterstock (dotshock), New York; **91.6** Shutterstock (Golffy), New York; **91.7** Shutterstock (Pra Chid), New York; **91.8** Shutterstock (Syda Productions), New York; **92** stock.adobe.com (js-photo), Dublin; **94** Shutterstock (carballo), New York; **95** Shutterstock (Asier Romero), New York; **97** stock.adobe.com (PANORAMO), Dublin; **98.1** Shutterstock (suwatpatt), New York; **98.2** Shutterstock (VaLiza), New York; **98.3** Shutterstock (VaLiza), New York; **98.4** Shutterstock (BONNINSTUDIO), New York

Quellen

Testtraining 3
102 Shutterstock (Miyu Nur), New York; **103** Shutterstock (TheBlackRhino), New York; **104.1** Shutterstock (NikomMaelao Production), New York; **104.2** Shutterstock (Alexander Lysenko), New York; **104.3** Shutterstock (LovArt), New York; **104.4** Shutterstock (nikiteev_konstantin), New York; **104.5** Shutterstock (Rabotni4ek), New York; **104.6** Shutterstock (Ficus777), New York; **104.7** Shutterstock (Alexander Lysenko), New York; **104.8** Shutterstock (anthonycz), New York; **104.9** Shutterstock (Olga Tropinina), New York; **104.10** Shutterstock (Bryan Solomon), New York

Kapitel 10
105.1 Shutterstock (pixelliebe), New York; **105.2** Shutterstock (vnlit), New York; **105.3** Shutterstock (Sandra van der Steen), New York; **105.4** Shutterstock (Atiwan Janprom), New York; **105.5** Shutterstock (Aleksandrs Bondars), New York; **105.6** Shutterstock (Elnur), New York; **105.7** Shutterstock (Pavel Hlystov), New York; **105.8** Shutterstock (eileen meyer), New York; **105.9** Shutterstock (brave rabbit), New York; **106.1** Shutterstock (Konstanttin), New York; **106.2** Shutterstock (irin-k), New York; **106.3** Shutterstock (Omar Muneer), New York; **106.4** Shutterstock (Bas Meelker), New York; **108.1-5** Dieter Mayr, München; **111.1** Shutterstock (dantess), New York; **111.2** Shutterstock (Jin young-in), New York; **111.3** Shutterstock (topxcite), New York; **111.4** Shutterstock (GCapture), New York; **111.5** Shutterstock (CTR Photos), New York; **111.6** Shutterstock (AL-media stockhouse), New York; **111.7** Shutterstock (Asier Romero), New York; **114** Shutterstock (Yurlick), New York

Kapitel 11
115.1 Shutterstock (LightField Studios), New York; **115.2** Shutterstock (Werayuth Tes), New York; **115.3** Shutterstock (Syda Productions), New York; **115.5** Shutterstock (Tobik), New York; **115.6** Shutterstock (ifong), New York; **115.7** Shutterstock (primopiano), New York; **115.8** Shutterstock (Oleksandr Lysenko), New York; **115.9** Shutterstock (Vulp), New York; **115.10** Shutterstock (Sasa Prudkov), New York; **115.11** Shutterstock (Picsfive), New York; **115.12** Shutterstock (Chones), New York; **115.13** Shutterstock (Marina Lohrbach), New York; **115.14** Shutterstock (Eric Isselee), New York; **115.15** Shutterstock (effective stock photos), New York; **115.16** Shutterstock (gillmar), New York; **115.17** Shutterstock (Nagy-Bagoly Arpad), New York; **115.18** Shutterstock (Serhii Krot), New York; **115.19** Shutterstock (Heliosphile), New York; **116.1** Shutterstock (Ben Schonewille), New York; **116.2** Shutterstock (Nagy-Bagoly Arpad), New York; **116.3** Shutterstock (Heliosphile), New York; **116.4** Shutterstock (Ranta Images), New York; **116.5** Shutterstock (Vadim Boussenko), New York; **116.6** Shutterstock (gorillaimages), New York; **116.7** Shutterstock (Oscity), New York; **116.8** Shutterstock (Serhii Krot), New York; **116.9** Shutterstock (Blend Images), New York; **118.1** Shutterstock (Bohbeh), New York; **118.2** Shutterstock (Akhenaton Images), New York; **118.3** Shutterstock (monticello), New York; **118.4** Shutterstock (Monkey Business Images), New York; **118.5** Shutterstock (Andrey_Popov), New York; **118.6** Shutterstock (Dmitry Morgan), New York; **118.7** Shutterstock (Y Photo Studio), New York; **118.8** Shutterstock (Ana del Castillo), New York; **118.10** Shutterstock (Africa Studio), New York; **118.11** Shutterstock (Monkey Business Images), New York; **118.12** Shutterstock (Blend Images), New York; **118.13** Shutterstock (Suzanne Tucker), New York; **124.1** Shutterstock (altanaka), New York; **124.2** Shutterstock (oneinchpunch), New York; **124.3** Shutterstock (Africa Studio), New York; **124.4** Shutterstock (Monkey Business Images), New York

Kapitel 12
125.1-3 Dieter Mayr , München; **126** Dieter Mayr, München; **130.1** Shutterstock (Julian Rovagnati), New York; **130.2** Shutterstock (r.classen), New York; **130.3** Shutterstock (Elena Elisseeva), New York; **130.4** Shutterstock (Valentyn Volkov), New York; **130.5** Shutterstock (Africa Studio), New York; **130.6** Shutterstock (Julian Rovagnati), New York; **130.7** Shutterstock (jassada watt_), New York; **130.8** Shutterstock (Nils Z), New York; **130.9** Shutterstock (r.classen), New York; **130.10** Shutterstock (r.classen), New York; **130.11** Shutterstock (Mariyana M), New York; **131.1** Shutterstock (3RUS), New York; **132** Thinkstock (LongQuattro), München; **134.1** Shutterstock (Dmitry Polonskiy), New York; **134.2** Shutterstock (NaughtyNut), New York; **134.3** Shutterstock (ESB Professional), New York

Testtraining 4
138.1 Shutterstock (Oleg Golovnev), New York; **138.2** Shutterstock (goodluz), New York; **140.1** Shutterstock (AlexHliv), New York; **140.2** Shutterstock (tsaplia), New York; **140.3** Shutterstock (Yakovenko Nataliia), New York; **140.4** Shutterstock (Juliann), New York; **.** Shutterstock (Arcady), New York

Fotomodelle
Paula de Boer, Lucia Borda, Greta Mayr, Jakob Mayr, Levin Tschürtz, Leo Wiegerling, Elena Zachariades

Audios: Sprecherinnen und Sprecher
Ulrike Arnold, Jan de Boer, Paula de Boer, Lucia Borda, Marco Diewald, Sarah Diewald, Clara Gerlach, Angela Kilimann, Louis Kübel, Philip Lainovic, Sofia Lainovic, Felice Lembeck, Christof Lenner, Lars Mannich, Greta Mayr, Jakob Mayr, Christian Noaghiu, Simon Grams, Ricarda Siebels, Helge Sturmfels, Levin Tschürtz, Peter Veit, Elena Zachariades